もくじ

国語２年

教育出版版
ひろがることば 小学国語

教科書ぴったりトレーニング

▶ 3分でまとめ動画

ぴったり1 じゅんび

3分でまとめ

ことばと であおう

すごろくトーク つづけて みよう ——日記

めあて

★おうちの 人や 友だちと すごろくを して みよう。

★日記を 書いて きょうの できごとを ふりかえろう。

がくしゅうび
月 日
教科書
上7〜11ページ
答え
2ページ

がきトリ 新しい漢字

書	ショ・かく	10かく	教科書10ページ
記	キ・しるす	10かく	10ページ
活	カツ	9かく	10ページ
曜	ヨウ	18かく	10ページ
朝	チョウ・あさ	12かく	10ページ
友	ユウ・とも	4かく	11ページ

1 □に 読みがなを 書きましょう。

① 朝（　　）ごはん

② 日記（　　）を かく。

③ 金曜日（　　）

④ 友人（　　）

2 □に 漢字を 書きましょう。

① 字を □（か）く。

② □（とも）と なる。

③ □□（そうちょう）

④ □（かつ）やく する。

⑤ □□（しょめい）

⑥ 名を □（しる）す。

⑦ □□□（にちようび）

すきななまえをつけてね！

なまえ

ぴた犬（おとも犬）シールをはろう

シールの中からすきなぴた犬をえらぼう。

おうちのかたへ

がんばり表のデジタル版「デジタルがんばり表」では、デジタル端末でも学習の進捗記録をつけることができます。１冊やり終えると、抽選でプレゼントが当たります。「ぴたサポシステム」にご登録いただき、「デジタルがんばり表」をお使いください。LINE または PC・ブラウザを利用する方法があります。

LINE用　PC・ブラウザ用

★ ぴたサポシステムご利用ガイドはこちら ★
https://www.shinko-keirin.co.jp/shinko/news/pittari-support-system

スタート

一　とうじょう人物の　した　ことに　気を　つけて　読もう
すごろくトーク～漢字の　ひろば①　画と　書きじゅん

2～3ページ	4～5ページ	6～7ページ	8～9ページ	10～11ページ	12～13ページ	14～15ページ
ぴったり1	ぴったり1	ぴったり1	ぴったり2	ぴったり1	ぴったり3	ぴったり3
できたらシールをはろう	できたらシールをはろう	できたらシールをはろう	できたらシールをはろう	できたらシールをはろう	できたらシールをはろう	できたらシールをはろう

一　じゅんじょや様子をあらわす言葉に気をつけよう
さけが大きくなるまで～この間に何があった？

56～57ページ	58～59ページ
ぴったり1	ぴったり3
できたらシールをはろう	できたらシールをはろう

六　まとまりのある文章を書こう
町の「すてき」をつたえます

52～53ページ	54～55ページ
ぴったり1	ぴったり3
できたらシールをはろう	できたらシールをはろう

いたことをそうぞうしよう
～はんたいのいみの言葉、

48～49ページ	50～51ページ
ぴったり3	ぴったり3
できたらシールをはろう	できたらシールをはろう

二　様子をよく見て、くわしく書こう
おもしろいもの、見つけたよ～言葉の文化④
「あいうえお」であそぼう

60～61ページ	62～63ページ
ぴったり1	ぴったり3
できたらシールをはろう	できたらシールをはろう

三　心にのこったところをしょうかいし合おう
ないた赤おに～「お話びじゅつかん」を作ろう

64～65ページ	66～67ページ	68～69ページ
ぴったり1	ぴったり1	ぴったり3
できたらシールをはろう	できたらシールをはろう	できたらシールをはろう

つもんしたり答えたりして、ないで話し合おう
み会」をひらこう～漢字の広場④　漢字のつかい方と読み方

70～71ページ	2～73ページ
ぴったり1	ぴったり3
できたらシールをはろう	できたらシールをはろう

ひろがることば　これまで　これから

104ページ
ぴったり3
できたらシールをはろう

ゴール

さいごまでがんばったキミは「ごほうびシール」をはろう！

ごほうびシールをはろう

教科書ぴったりトレーニング

国語２年　がんばり表

いつも見えるところに、この「がんばり表」をはっておこう。
この「ぴたトレ」をがくしゅうしたら、シールをはろう！
どこまでがんばったかわかるよ。

三　本で　しらべて　しょうかいしよう

「生きものクイズ」で　しらせよう～言葉の　ひろば②
「言葉のなかまさがしゲーム」を　しよう

28～29ページ	26～27ページ	24～25ページ
ぴったり３	ぴったり１	ぴったり１
できたら シールを はろう	できたら シールを はろう	できたら シールを はろう

二　じゅんじょに　気を　つけて、つながりを　かんがえよう

すみれと　あり～読書の　ひろば①　本で　しらべよう

22～23ページ	20～21ページ	18～19ページ	16～17ページ
ぴったり３	ぴったり３	ぴったり１	ぴったり１
できたら シールを はろう	できたら シールを はろう	できたら シールを はろう	できたら シールを はろう

四　くりかえしに　気を　つけて、とうじょう人物の　様子を　読もう

きつねの　おきゃくさま～漢字のひろば③　二つの漢字でできている言葉

30～31ページ	32～33ページ	34～35ページ	36～37ページ	38～39ページ	40～41ページ	42～43ページ
ぴったり１	ぴったり２	ぴったり２	ぴったり３	ぴったり３	ぴったり１	ぴったり３
できたら シールを はろう	できたら シールを はろう	できたら シールを はろう	できたら シールを はろう	できたら シールを はろう	できたら シールを はろう	できたら シールを はろう

五　登場人物が考えて

わにのおじいさんのたからも
にたいみの言葉

44～45ページ	46～47ペ
ぴったり１	ぴったり
できたら シールを はろう	できたら シールを はろう

六　場面や人物の様子をそうぞうして、音読げきをしよう

せかいじゅうの海が～漢字の広場⑤　同じ読み方の漢字

86～87ページ	84～85ページ	82～83ページ	80～81ページ	78～79ページ
ぴったり１	ぴったり２	ぴったり２	ぴったり１	ぴったり１
できたら シールを はろう	できたら シールを はろう	できたら シールを はろう	できたら シールを はろう	できたら シールを はろう

五　せつめいのくふうを読んでたしかめ、せつめい書を書こう

ジャンプロケットを作ろう～おもちゃのせつめい書を書こう

76～77ページ	74～75ページ
ぴったり３	ぴったり１
できたら シールを はろう	できたら シールを はろう

四　し
つ

「クラスお楽

88～89ページ	90～91ページ
ぴったり３	ぴったり３
できたら シールを はろう	できたら シールを はろう

七　思い出をくわしく書いて、読みかえそう

こんなことができるようになったよ～
漢字の広場⑥　組み合わせてできている漢字

92～93ページ	94～95ページ	96～97ページ
ぴったり１	ぴったり３	ぴったり３
できたら シールを はろう	できたら シールを はろう	できたら シールを はろう

八　何が、どのようにかわったかに気をつけて読み、お話をしょうかいしよう

アレクサンダとぜんまいねずみ

98～99ページ	100～101ページ	102～103ページ
ぴったり１	ぴったり２	ぴったり３
できたら シールを はろう	できたら シールを はろう	できたら シールを はろう

教科書ぴったりトレーニング 国語 バッチリポスター

2年生で ならう かん字②

★2年生で ならう かん字を、五十音じゅんに ならべて います。
★①と ②の、二回に 分けて います。
★かん字ごとに、画数、読み方、書きじゅん（ひつじゅん）を しめして います。
★（ ）は、小学校では ならわない 読み方です。

場
12画
ジョウ
ば

広場（ひろば）

数
13画
スウ・（ス）
かず・かぞえる

船
11画
セン
ふね・ふな

船（ふね）

体
7画
タイ・（テイ）
からだ

体（からだ）をきたえる

長
8画
チョウ
ながい

かみが長（なが）い

弟
（テイ）・ダイ・（デ）
おとうと
弟（おとうと）

色
6画
ショク・シキ
いろ

色（いろ）えんぴつ

西
6画
セイ・サイ
にし

西（にし）の空（そら）

線
15画
セン

台
5画
ダイ・タイ

ふみ台（だい）

鳥
11画
チョウ
とり

鳥（とり）

店
テン
みせ
店（みせ）

食
9画
ショク・（ジキ）
くう・（くらう）・たべる

たくさん食（た）べる

声
7画
セイ・（ショウ）
こえ・（こわ）

声（こえ）

前
9画
ゼン
まえ

三年前（さんねんまえ）

地
6画
チ・ジ

地面（じめん）

朝
12画
チョウ
あさ

朝日（あさひ）

点
テン
点数（てんすう）

心
4画
シン
こころ

心（こころ）

星
9画
セイ・（ショウ）
ほし
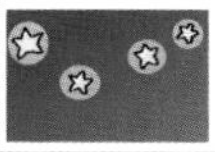
星（ほし）

組
11画
ソ
くむ・くみ

ふたり組（ぐみ）

池
6画
チ
いけ

池（いけ）

直
8画
チョク・ジキ
ただちに・なおす
なおる

時計（とけい）を直（なお）す

電
デン

新
13画
シン
あたらしい
あらた
（にい）

晴
12画
セイ
はれる
はらす

晴（は）れる

走
7画
ソウ
はしる

走（はし）る

知
8画
チ
しる

知（し）る

刀
トウ
かたな
刀（かたな）

親
16画
シン
おや・したしい
したしむ

切
4画
セツ・（サイ）
きる・きれる

親切（しんせつ）

た～と

多
6画
タ
おおい

人（ひと）が多（おお）い

茶
9画
チャ・（サ）

お茶（ちゃ）

通
10画
ツウ・（ツ）
とおる・とおす
かよう

なみ木道（きみち）を通（とお）る

冬
トウ
ふゆ
冬（ふゆ）

図
7画
ズ・ト
（はかる）

図書（としょ）かん

雪
11画
セツ
ゆき

雪（ゆき）だるま

太
4画
タイ・タ
ふとい
ふとる

太（ふと）る

昼
9画
チュウ
ひる

昼間（ひるま）

当
トウ
あたる
あてる
当番（とうばん）

まちがえやすいかん字は、☑にチェックしておこう！

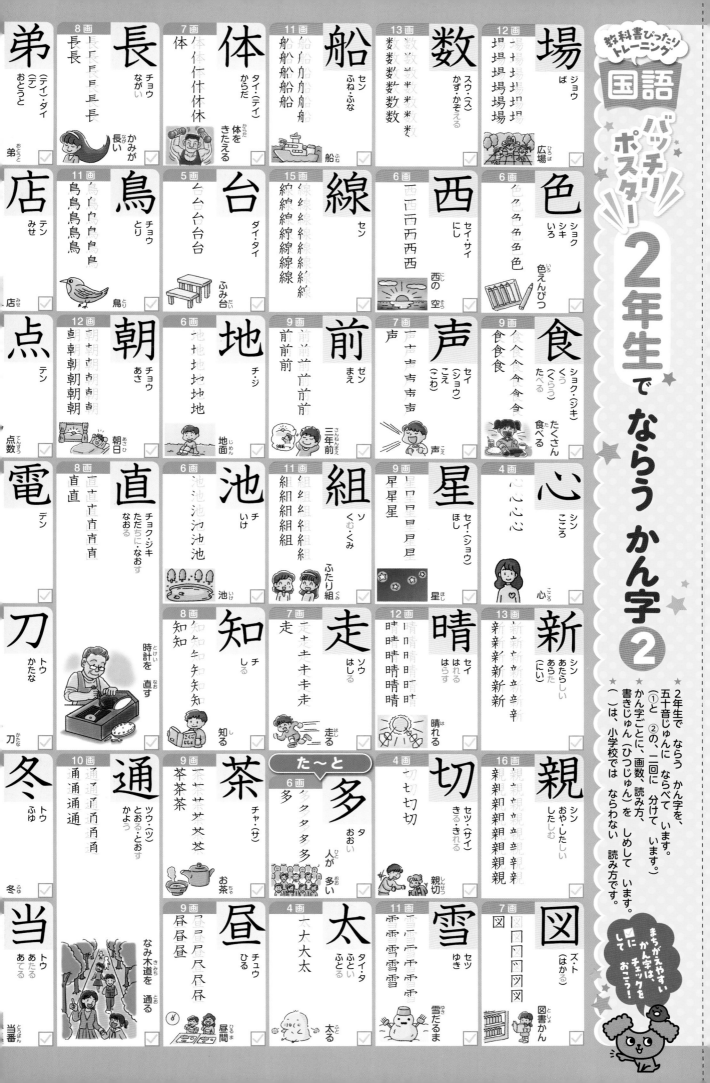

弟
7画

東
8画
トウ
ひがし

東京（とうきょう）

南
9画
ナン・(ナ)
みなみ

南（みなみ）の しま

番
12画
バン

じゅん番（ばん）

歩
8画
ホ・(ブ)・(フ)
あるく
あゆむ

歩（ある）く

明
8画
メイ・ミョウ
あかり・あかるい・あかるむ
あからむ・あきらか・あける
あく・あくる・あかす

明（あか）るい 電気（でんき）

友
4画
ユウ
とも

友（とも）だち

店
8画

答
12画
トウ
こたえる
こたえ

答（こた）え

肉
6画
ニク

肉（にく）

父
4画
フ
ちち

父（ちち）

母
5画
ボ
はは

母（はは）

用
5画
ヨウ
もちいる

画用紙（がようし）

点
9画

頭
16画
トウ・ズ・(ト)
あたま・(かしら)

は～ほ

馬
10画
バ
うま・(ま)

馬（うま）

風
9画
フウ・(フ)
かぜ・かざ

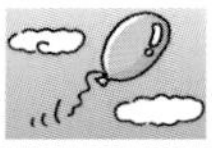

風船（ふうせん）

方
4画
ホウ
かた

学校（がっこう）への 行（い）き方（かた）

鳴
14画
メイ
なく・なる・ならす

曜
18画
ヨウ

電
13画

同
6画
ドウ
おなじ

同（おな）じ

売
7画
バイ
うる
うれる

花（はな）を 売（う）る

分
4画
ブン・フン・ブ
わける・わかれる
わかる・わかつ

半分（はんぶん）

北
5画
ホク
きた

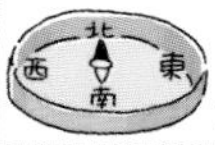

北（きた）

毛
4画
モウ
け

毛糸（けいと）

ら～ろ

来
7画
ライ
くる
(きたる)
(きたす)

来（く）る

刀
2画

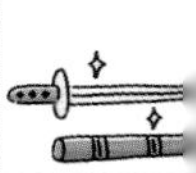

道
12画
ドウ・(トウ)
みち

道（みち）

買
12画
バイ
かう

買（か）いもの

ま～も

毎
6画
マイ

毎日（まいにち）

門
8画
モン
(かど)

門（もん）

里
7画
リ
さと

山里（やまざと）

冬
5画

読
14画
ドク・トク
トウ
よむ

麦
7画
(バク)
むぎ

麦（むぎ）

聞
14画
ブン・(モン)
きく・きこえる

妹
8画
(マイ)
いもうと

妹（いもうと）

や～よ

夜
8画
ヤ
よ・よる

夜（よる）

理
11画
リ

理科（りか）の 本（ほん）

当
6画

な～の

内
4画
ナイ
(ダイ)
うち

内（うち）がわ

半
5画
ハン
なかば

半年（はんとし）

米
6画
ベイ・マイ
こめ

米（こめ）

万
3画
マン・(バン)

万年筆（まんねんひつ）

野
11画
ヤ
の

野山（のやま）

わ

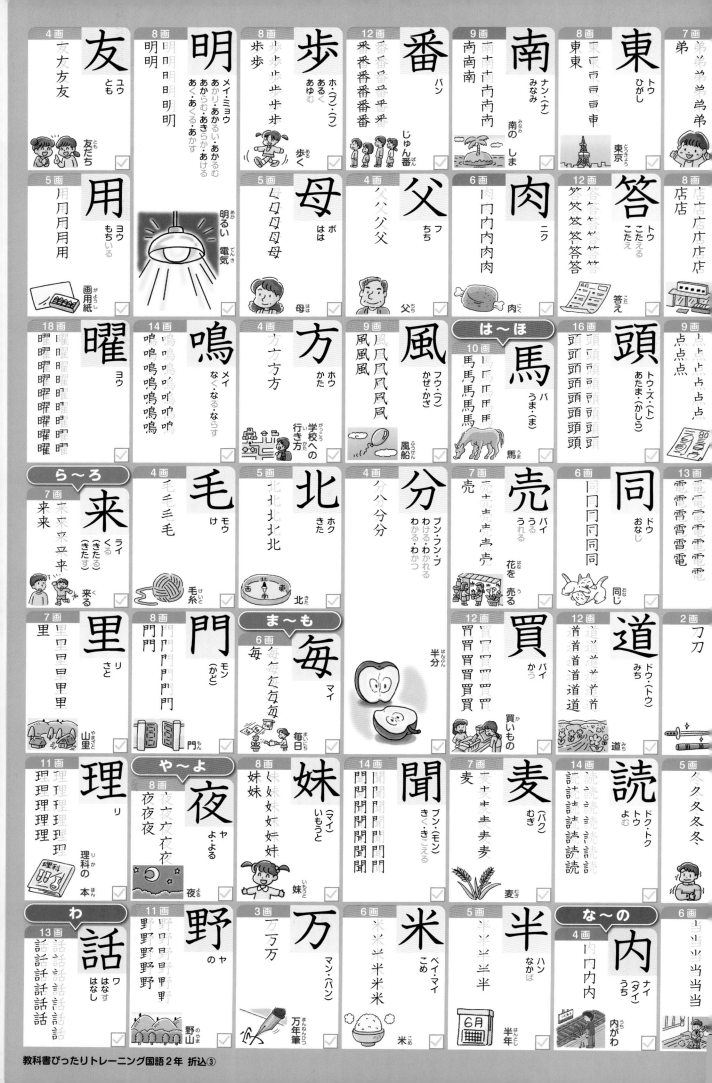

話
13画
ワ
はなす
はなし

3 正しい　いみに　○を　つけましょう。

① おかしが　ぽろっと　こぼれる。

ア（　）ものの　いきおいが　ある　ようす。

イ（　）一ぶぶんが　かけて　おちる　ようす。

② 学校に　おくれそうで　あわてる。

ア（　）いつもの　おちつきを　なくす。

イ（　）気持ちが　おちこむ。

③ はなしの　たねを　さがす。

ア（　）はなしや　さくひんの　よい　ところ。

イ（　）はなしや　さくひんの　ざいりょう。

④ 本に　むちゅうに　なる。

ア（　）ある　ことに　こころを　うばわれる　こと。

イ（　）一つの　ところに　あつめる　こと。

4 日記を　書く　ときは　どのように　書けば　よいですか。二つに　○を　つけましょう。

ア（　）日にち、天気、曜日を　書く。

イ（　）おもった　ことを　書く。

ウ（　）できごとだけを　書く。

エ（　）かいわは　書かない。

5 どんな　こえの　大きさで　はなしますか。こえの　小さい　じゅんに　1～4を　書きましょう。

ぴったり1 じゅんび

ことばと であおう

ちいさい おおきい

めあて
★こえの 大きさを かえながら しを よんで みよう。

がくしゅうび　月　日
教科書 上12〜14ページ
答え 2ページ

1 しを よんで、こたえましょう。

ちいさい おおきい　　こうやま よしこ

ちいさい おおきい
ちいさい おおきい
おおきくって おおきくって おおきくって おおきくって
ちいさい
ぞうさんの なみだ

ちいさい おおきい
ちいさい おおきい
おおきくって おおきくって おおきくって おおきくって
ちいさい
かばさんの むしば

ちいさい おおきい
ちいさい おおきい

(1) この しは、いくつの まとまりで できて いますか。漢字で 書きましょう。

（　　　）つ

(2) 「おおきくって おおきくって おおきくって おおきくって」は、どのように よむと よいですか。一つに ○を つけましょう。

ア（　）だんだん こえを 大きく して、ゆっくり よむ。

イ（　）だんだん こえを 小さく して、はやく よむ。

ウ（　）ずっと おなじ こえの 大きさで、はやく よんだり、おそく よんだり する。

(3) この しに でて くる、大きい 生きものを、三つ 書きぬきましょう。

（　　　）（　　　）（　　　）

ちいさくって　ちいさくって　ちいさくって
おおきい
かえるの　おなか

ちいさい　おおきい
ちいさくって　ちいさくって　ちいさくって
おおきい
ありさんの　にもつ

ちいさい　おおきい
ちいさい　おおきい
ちいさくって　ちいさくって　ちいさくって
ちいさい
めだかの　あくび

ちいさい　おおきい
ちいさい　おおきい
おおきくって　おおきくって　おおきくって
おおきい
くじらの　くしゃみ

---

(4) この　しで、からだは　小さいけれど　大きな　おなかを　もつ　生きものは、なんですか。

（　　　　　　）

(5) 「ありさんの　にもつ」は、どのくらいの　大きさですか。一つに　○を　つけましょう。

ア（　）ありさんの　からだより　小さい。

イ（　）ありさんの　からだより　大きい。

ウ（　）ありさんの　からだと　おなじくらい。

(6) 「めだかの　あくび」と「くじらの　くしゃみ」は、どちらが　大きいですか。

（　　　　　　）

(7) この　しの　とくちょうと　して　正しい　ものを　一つ　えらび、○を　つけましょう。

ア（　）けしきを　あらわす　ことばを　なんども　くりかえして　いる。

イ（　）いろいろな　生きものの　ひみつを　くわしく　せつめいして　いる。

ウ（　）「ちいさい」「おおきい」などの　ことばを、リズムよく　くりかえして　いる。

ぴったり1 じゅんび

一 とうじょう人物の した ことに 気を つけて 読もう

はるねこ

ひろい 公園

かんの ゆうこ

★めあて
★とうじょう人物の した ことと 様子を そうぞうして 読もう。
★えの 中から こたえを 見つけよう。

がくしゅうび　月　日
教科書　上15〜36ページ
答え　3ページ

かきトリ 新しい漢字

			教科書
通	ツウ／とおる・とおす・かよう	10かく	16ページ
色	ショク・シキ／いろ	6かく	16ページ
思	シ／おもう	9かく	17ページ
今	コン／いま	4かく	17ページ
声	セイ／こえ	7かく	18ページ
何	なに・なん	7かく	19ページ
言	ゲン・ゴン／いう・こと	7かく	19ページ
読	ドク・トウ／よむ	14かく	26ページ
公	コウ	4かく	32ページ
園	エン	13かく	32ページ
聞	ブン／きく・きこえる	14かく	34ページ
話	ワ／はなす・はなし	13かく	34ページ
汽	キ	7かく	34ページ
星	セイ／ほし	9かく	34ページ
同	ドウ／おなじ	6かく	36ページ

1 □に 読みがなを 書きましょう。

① 色を ぬる。

② 星が かがやく。

③ 先を 見通す。

④ 今月の よてい。

⑤ 読書

⑥ ひとり言

●読み方が 新しい 字

はるねこ

2 □に 漢字を 書きましょう。

① □（はなし）を □（き）く。

② □□（きしゃ）

③ □（なに）か □（い）う。

④ □□（つうがく）

はるねこ

3 正しい いみを、□から えらんで、記号（ごう）を 書きましょう。

①（　）ふいに 話しかけられる。

②（　）ぶつぶつ ひとりごとを 言う。

③（　）もじもじして へんじを しない。

④（　）たちまち 雨が ふって きた。

ア あっというまに。
イ 思いがけず。
ウ 小さい 声で 言う 様子。
エ はっきり せず おちつかない 様子。

はるねこ

3分で ワンポイント

とうじょう人物の した ことと ばめんの 様子を たしかめよう。

★ あやが した ことと、ばめんの 様子を ――せんで つなぎましょう。

あやが した こと		ばめんの 様子
①いえの 中で おりがみあそびを して いた	・　・	おりがみの 花が 本物（もの）の 花に なった
②はるねこと おりがみで 花を つくった	・　・	ひろい のはらの まん中に すわって いた
③おりがみの 花を のはらに ふりまいた	・　・	つよい かぜが のはらを ふきぬけた
④たくさんの きりがみを 空に ふりまいた	・　・	ねこが いて 何かを さがして いた

一 とうじょう人物の した ことに 気を つけて 読もう

はるねこ

文しょうを 読んで、こたえましょう。

きらきら こもれ日の ゆれる はるの 日の ことです。
あやの もとに、一通の 手がみと、わか草色の きんちゃくぶくろが とどきました。
「あ、これは もしかして、あの ときの……。」
あやは、にっこり わらいながら、あの 日の ふしぎな できごとを、思い出しました。

それは、ちょうど きょねんの 今ごろの こと。
その 年は、なにもかもが

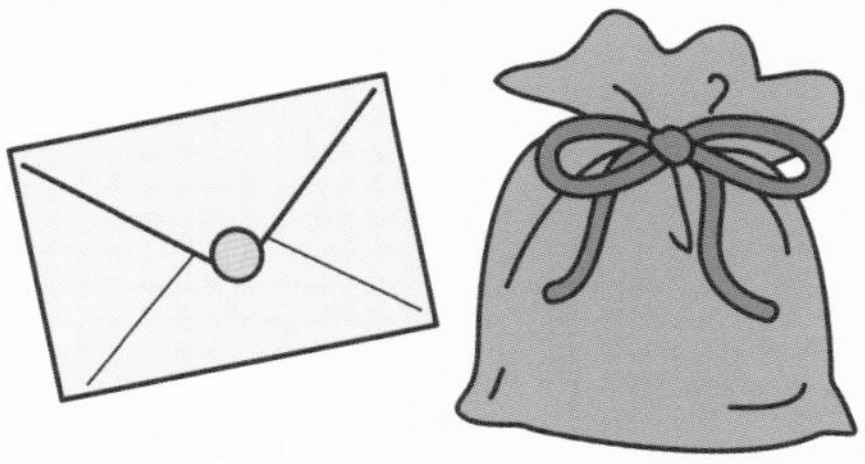

1 「手がみと、わか草色の きんちゃくぶくろ」が とどいたのは、どんな 日ですか。□に あう 言葉を 書きぬきましょう。

□□□□の ゆれる □□の 日。

2 「ふしぎな できごと」が あったのは いつですか。□に あう 言葉を 書きぬきましょう。

ちょうど □□□□の 今ごろ。

3 「のはらには 花も さかず、ちょうちょも すがたを 見せません。」と ありますが、なぜですか。一つに ○を つけましょう。

ア（　）にわに ねこが いるから。

がくしゅうび　月　日
教科書 上15〜31ページ
答え 3ページ

へんでした。

　そろそろ　あたたかな　はるが　やって　きても　いい　ころなのに、のはらには　花も　さかず、ちょうちょも　すがたを　見せません。

「早く　あったかい　おそとで　あそびたいなあ。」

　空は　どんより　くもり空。そとは　ひんやり　さむそうです。

　あやは、きょうも　いえの　中で、おりがみあそびを　して　いました。

　その　とき　にわの　ほうから、なにやら　ぶつぶつ　つぶやく　声が　きこえて　きました。

　あやが、そとを　のぞいて　みると、そこには　わか草色の　ねこが　いて、何かを　いっしょうけんめい　さがして　いたのです。

かんの　ゆうこ「はるねこ」より

イ（　）今は　あきだから。

ウ（　）まだ　はるが　やって　こないから。

ヒント　すぐ　前の　ぶぶんを　読もう。

4　あやは　いえの　中で　何を　して　いましたか。

（　　　　　　　　）

5　あやが　いえの　中に　いたのは　なぜですか。あう　もの　一つに　○を　つけましょう。

ア（　）そとが　くもって　さむかったから。

イ（　）かぜを　ひいて　いたから。

ウ（　）おくりものが　とどいたから。

ヒント　20行～30行の　ぶぶんを　読もう。

6　「ぶつぶつ　つぶやく　声」と　ありますが、だれの　声ですか。

（　　　　　　　　）

ぴったり1 じゅんび

言葉（ことば）の 文化（ぶんか）① 回文（かいぶん）を たのしもう
漢字（かんじ）の ひろば① 画（かく）と 書きじゅん

めあて
★回文の しくみを しって たのしもう。
★漢字の 書き方（かた）の きまりを たしかめよう。

がくしゅうび
月　日
教科書
上37〜39ページ
答え
4ページ

がきトリ 新しい漢字（かんじ）

教科書37ページ	38ページ	38ページ	38ページ	38ページ	38ページ	38ページ
回 カイ まわる・まわす 6かく	画 ガ・カク 8かく	会 カイ あう 6かく	線 セン 15かく	数 スウ かず・かぞえる 13かく	点 テン 9かく	馬 バ うま・ま 10かく

39ページ	39ページ	39ページ
方 ホウ かた 4かく	工 コウ・ク 3かく	羽 は・はね 6かく

「点」は 四つの 点（「灬」）の むきに 気を つけて 書こう。

1 （　）に 読みがなを 書きましょう。

① 数を ふやす。
② 日にちを 数える。
③ 数字
④ 人に 会う。
⑤ とりの 羽。
⑥ 線を ひく。
⑦ 点を うつ。
⑧ 白い 馬。
⑨ やり方を 見る。

● 読み方が 新しい 字

2 □に 漢字を 書きましょう。

① あさの □（かい）。

② ず □□（がこう） さく

③ □（かい） 数

④ 右の □（ほう）。

3 つぎの 文が 回文に なるように □に あう ひらがなを 書きましょう。

① いか たべた □□。

② ママが □□□ に した わがまま。

4 言葉と 正しい いみを、——線で つなぎましょう。

① 画 ・　　・ 漢字を 書く ときの きまった じゅんじょ。

② 画数 ・　　・ 漢字を 書く ときに 一度（ど）に 書く 点や 線。

③ 書きじゅん ・　　・ 漢字の 画の 数。

5 つぎの 漢字の 画数を （　）に 漢字で 書きましょう。

① 記 （　　）画

② 年 （　　）画

6 つぎの 漢字の 一画めを なぞりましょう。

① 左

② 九

ぴったり3

たしかめのテスト①

はるねこ ～漢字の ひろば① 画と 書きじゅん

一 とうじょう人物の した ことに 気を つけて 読もう

時間 20分

／100

ごうかく 80点

がくしゅうび 月 日

教科書 上15～39ページ

答え 4ページ

文しょうを 読んで、こたえましょう。 思考・判断・表現

あやが、そとを のぞいて みると、そこには わか草色の ねこが いて、何かを いっしょうけんめい さがして いたのです。

「こんにちは、ねこさん。どう したの。」

「ああ、もう どう したら いいんだろう。あれが ないと、ことしの はるは やって こない。こまった こまった、どう しよう。」

「ええっ。はるが やって こないの。」

あやが おどろくと、その ねこは 言いました。

「ぼくは、はるねこ。まいとし、はるを はこぶ ことが、ぼくの しごとなの。それなのに ぼくったら、たくさんの『はるの たね』が つまった きんちゃくぶくろを、どこかに おとしちゃったんだ。」

1 「あやが おどろくと」と ありますが、あやが おどろいたのは なぜですか。一つに ○を つけましょう。 10点

ア（　）ねこが 何かを さがして いたから。

イ（　）ねこが はるは やって こないと 言ったから。

ウ（　）ねこが きゅうに 話しはじめたから。

よく出る

2 はるねこの しごとは なんですか。 20点

まいとし（　　　　）

できたらスゴイ!

3 ことしの はるが なかなか やって こなかったのは、なぜですか。□に あう 言葉を 書きぬきましょう。 20点

はるねこが「□□□□□」が つまった きんちゃくぶくろを おとして しまったから。

「だから、ことしの　はるは、なかなか　やって
こなかったのね。」

その　とき、つくえの　上に　あった　一まいの　おりがみが、あやの　足もとに、ふわりと　すべりおちて　きました。

「そうだ。この　おりがみで、いっしょに　はるを　つくって　みようよ。」

「えっ。そんな　ことが　できるのかい。」

「やって　みるの。さあ、はるねこさんも
てつだって。」

あやと　はるねこは、たのしく　うたいながら、たくさんの　花を　つくりはじめました。
すると　どうでしょう……。

二人は、いつのまにか、ひろい　ひろい　のはらの　まん中に　すわって　いました。

かんの　ゆうこ「はるねこ」より

4 「たくさんの　花」と　ありますが、どのような　花ですか。□に　あう　言葉を　書きぬきましょう。（10点）

□□□□　で　つくった　花。

5 あやと　はるねこが　花を　つくりはじめると　二人は　どうなりましたか。（20点）

ア（　）ひろい　のはらの　まん中に　すわって　いた。
イ（　）きんちゃくぶくろを　見つけた。
ウ（　）たのしくなって　うたった。

考えを書こう

6 「おりがみで、いっしょに　はるを　つくって　みようよ。」と　ありますが、この　ときの　あやの　気持ちを　書きましょう。（20点）

（　　　　　　　　　　）

ふりかえり　5が　分からない　ときは、7ページの　3分でワンポイント　に　もどって　かくにんしよう。

ぴったり3 たしかめのテスト②

一 とうじょう人物の した ことに 気を つけて 読もう
はるねこ
〜 漢字(かん)の ひろば① 画と 書きじゅん

時間 20分
／100
ごうかく 80点

がくしゅうび 月 日
教科書 上15〜39ページ
答え 5ページ

1 （　）に 読みがなを 書きましょう。 一つ4点(32点)

① 方言（　　）
② 馬車（　　）
③ かん字の 画数（　　）。
④ とりが 羽（　　） ばたく。
⑤ みらいを 思（　　） う。
⑥ でん 言（　　）
⑦ 今（　　） すぐ 行く。
⑧ 学校に 通（　　） う。

2 □に 漢字を 書きましょう。 一つ4点(32点)

① すきな □(いろ)。
② 大きな □(こえ)。
③ 先生の □(はなし)。
④ □□(こうえん)
⑤ 音を □(き) く。
⑥ □(おな) じ こと。
⑦ □□(すいせい)
⑧ 目が □(まわ) る。

3

つぎの ↓の 画は 何画めに 書きますか。（　）に 漢字で 書きましょう。

一つ4点（12点）

① 右（　　）画め

② 火（　　）画め

③ 馬（　　）画め

4

つぎの えを 見て、しつもんに こたえましょう。

一つ4点（8点）

① 白い ねこは、何びき いますか。

（　　）

② くろい ねこは、何を して いますか。

（　　）

5

思考・判断・表現

回文を かんがえて 書きましょう。

6点

（　　）

6

思考・判断・表現

音の 調子で いみが ちがう 言葉を つかって 文を 二つ つくりましょう。

完答10点

れい　手を ふる。／雨が ふる。

（　　）（　　）

ふりかえり　5が 分からない ときは、11ページの 3に もどって かくにんしよう。

ぴったり1 じゅんび

二 じゅんじょに 気を つけて、つながりを かんがえよう

すみれと あり

（矢間芳子 作「すみれとあり」㈱福音館書店刊より）

やざま よしこ

◎めあて
★何が どうするに 気を つけながら かかわりを 読みとろう。

がくしゅうび
月　日
教科書
上41～49ページ
答え
5ページ

かきトリ 新しい漢字

教科書42ページ	42ページ	42ページ	43ページ	43ページ
春 シュン はる 9かく	道 ドウ みち 12かく	高 コウ たかい・たか たかまる・たかめる 10かく	近 キン ちかい 7かく	地 チ・ジ 6かく

44ページ	44ページ	45ページ
自 ジ・シ みずから 6かく	分 ブン・フン・ブ わける・わかれる わかる・わかつ 4かく	外 ガイ そと はずす・はずれる 5かく

「地」の 四画めの はね方に 気を つけよう

1 （　）に 読みがなを 書きましょう。

① 立春（　）
② 自分（　）の かんがえ。
③ 地（　）面
④ 高（　）い 山。

2 □に 漢字を、（　）に 漢字と ひらがなを 書きましょう。

① □□□（こうがくねん）
② □（きん）じょの 人。
③ 広い □（みち）。
④ 二つに （　　）（わける）。

3 正しい いみに ○を つけましょう。

① 石がきの 上を ねこが あるく。
ア（　）石を とうのように つんだ もの。
イ（　）石を かべのように つんだ もの。

② つくえと かべの すきまに 本が おちる。
ア（　）ものと ものとの あいだ。
イ（　）よく 見えない ところ。

③ うんどうじょうを 見わたす。
ア（　）じっと 見つめる。
イ（　）とおくまで ひろく 見る。

④ しばらく ここで 休もう。
ア（　）すこしの じかん。
イ（　）とても ながい あいだ。

⑤ もともと ここには 公園は なかった。
ア（　）はじめから。もとから。
イ（　）すこし まえから。

3分で ワンポイント

何が どう するに 気を つけて、じゅんじょを 読もう。

★花を さかせてから すみれが どう なるか じゅんばんに 1～4の ばんごうを 書きましょう。

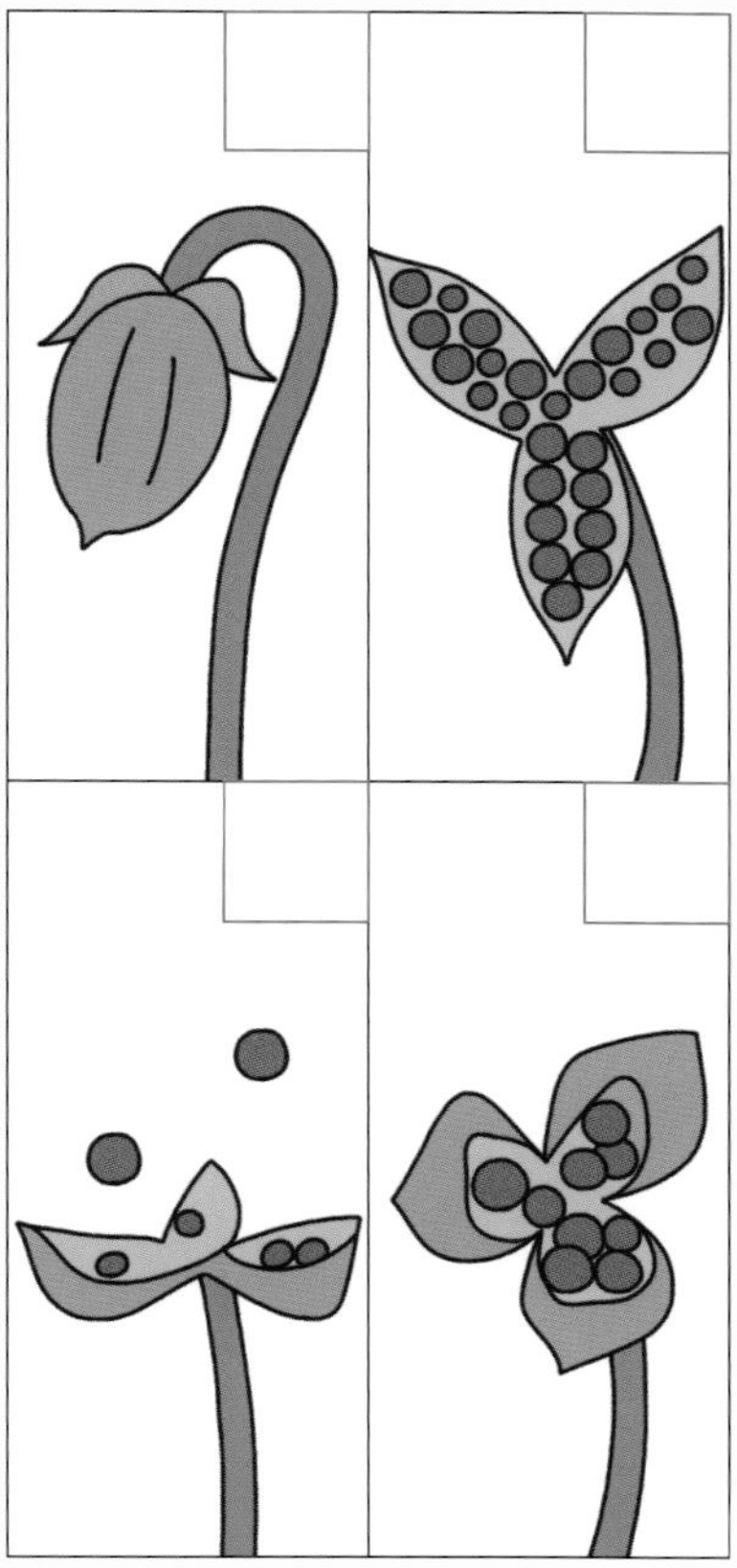

★ありは すみれの たねを どこに はこびますか。（　）に 言葉(ば)を 書きましょう。

地面(めん)の 上や、コンクリートの われ目、高い 石がき などに ある ありの（　　）。

ぴったり1 じゅんび

かんさつ発見(はっけん)カード
言葉(ことば)の 文化(ぶんか)② むかしの うたを 読もう
言葉の ひろば① かたかなで 書く 言葉
読書の ひろば① 本で しらべよう

3分でまとめ

めあて
★かんさつして きろくしよう。
★言葉あそびを たのしもう。
★かたかなで 書く 言葉を しろう。
★図書館(かん)の つかい方を しろう。

がくしゅうび
月　日
教科書
上50〜61ページ
答え
6ページ

かきトリ 新しい漢字(かんじ)

教科書50ページ	51ページ	56ページ
形 ケイ・ギョウ かた・かたち 7かく	黄 オウ き 11かく	国 コク くに 8かく

56ページ	57ページ	58ページ
前 ゼン まえ 9かく	絵 エ 12かく	図 ズ・ト 7かく

1 □に 読みがなを 書きましょう。

① 花の 形。
② 黄色い くつ。
③ 外国 の 地名。
④ 名前 を 書く。

2 □に 漢字を 書きましょう。

① □(え) を かく。
② □□(としょ) しつ
③ 四かく □(けい)
④ ほかの □(くに)。
⑤ □□(おうど) 色
⑥ □□(ぜんじつ)

読み方が 二つ ある 漢字が あるよ。

かんさつ発見カード

3

「かんさつ発見カード」に、なすの みを かんさつして きろくする とき、どんな ことを 書けば よいですか。二つに ○を つけましょう。

ア（　）日づけ

イ（　）りょうりの ほうほう。

ウ（　）大きさ、形、色。

エ（　）友だちの 名前。

むかしの　うたを　読もう

4

「いろはうた」に ついて 正しい ものに ○を つけましょう。

（　）一から 十までの 数を 数える うた。

（　）四十七文字(もじ)の かなを 一回ずつ つかった うた。

かたかなで　書く　言葉

5

つぎの かたかなで 書く 言葉は どの なかまですか。（　）に 記号(ごう)を 書きましょう。

①（　）マヨネーズ・カレンダー

②（　）ニャーニャー・ブーブー

③（　）ザーザー・パチパチ

④（　）イタリア・モーツァルト

ア　外国から 入って きた 言葉

イ　外国の、地名や 人の 名前

ウ　どうぶつの なき声

エ　いろいろな 音

本で　しらべよう

6

言葉と 正しい いみを、――線で つなぎましょう。

① ししょ　・　　・ 本の せいりなどを する しかくを もった 人。

② ふだ　・　　・ 絵や 文字などが かいて ある 木や 紙(かみ)など。

ぴったり3 たしかめのテスト①

すみれと あり

二 じゅんじょに 気を つけて、つながりを かんがえよう

時間 20分

／100

ごうかく 80点

がくしゅうび 月 日

教科書 上41～49ページ

答え 6ページ

文しょうを 読んで、こたえましょう。 思考・判断・表現

　ありが、地面(めん)に おちて いる すみれの たねを 見つけました。よく 見ると、たねには、白い かたまりが ついて います。

　ありは、その たねを 自分の すの 中へ はこんで いきます。

　しばらくすると、ありは、せっかく はこんだ たねを すの 外に すてて います。すてられた たねからは、もともと ついて いた

1 「ありが、地面に おちて いる すみれの たねを 見つけました。」と ありますが、ありは すみれの たねを どう しましたか。一つに ○を つけましょう。 20点

ア（　）すの 近くまで はこんで、たねを すの 外に おいた。

イ（　）すの 中に はこんだ あと、しばらくして たねを 外に すてた。

ウ（　）すの 中に はこんだ あと、しばらくして ありだけ すの 外に 出て きた。

2 「たねからは、もともと ついて いた 白い かたまりが、なくなって います。」と ありますが、「白い かたまり」は、どこに いったのですか。□に 書きましょう。 20点

［　　　　］の 中。

白い　かたまりが、
なくなって　います。
どうやら、たねの
白い　ところだけが
ほしいようです。

すみれは、なかまを
ふやす　ために、
いろいろな　ばしょに
めを　出そうと　します。
しかし、自分では、
たねを　近くの
地面にしか、とばす
ことが　できません。
そこで、すみれは、ありの
すきな　白い　かたまりを
たねに　つけて、
いろいろな　ばしょに
はこんで　もらうのです。

やざまよしこ「すみれと　あり」より
（矢間芳子 作「すみれとあり」㈱福音館書店刊より）

できたらスゴイ！

3 すみれが　いろいろな　ばしょに　めを　出そうと　するのは　なぜですか。□に　あう　言葉を　書きぬきましょう。（20点）

□□□□□□□□　ため。

考えを書こう

4 すみれは、ありに　何を　して　もらいますか。□に　あう　言葉を　書きぬきましょう。（20点）

自分の　たねを　いろいろな　ばしょに　□□□□　もらう。

5 すみれと　ありの　つながりに　ついて、あなたは　どのように　思いますか。かんがえて　書きましょう。（20点）

ふりかえり　④が　分からない　ときは、17ページの　3分でワンポイント　に　もどって　かくにんしよう。

たしかめのテスト②

二 じゅんじょに 気を つけて、つながりを かんがえよう

すみれと あり ～ 読書の ひろば① 本で しらべよう

時間 20分

／100

ごうかく 80点

がくしゅうび 月 日

教科書 上41～61ページ

答え 7ページ

1 （ ）に 読みがなを 書きましょう。 一つ4点（32点）

① ほそい 道（ ）。

② 近（ ）くに いる。

③ いえの 外（ ）。

④ 図（ ）を かく。

⑤ まるい 形（ ）。

⑤ よく 分（ ）かる。

⑦ 気持（も）ちが 高（ ）まる。

⑧ 絵（ ）を 見る。

2 □に 漢字（かん）を、（ ）に 漢字と ひらがなを 書きましょう。 一つ4点（32点）

① □（こく）語（ご）

② 午（ご）□（ぜん）中

③ □（じ）動（どう）車

④ 大□（ち）

⑤ □□（しゅんぶん）の日

⑥ まっすぐな □（せん）。

⑦ □（うま）に のる。

⑧ せきを （はずす）。

3

「いろはうた」の 四十七文字の うち、今では つかって いない 文字を 二つ 書きましょう。 一つ5点(10点)

いろはにほへと　ちりぬるを
わかよたれそ　つねならむ
うゐのおくやま　けふこえて
あさきゆめみし　ゑひもせす

4

図書館で 「あさがお」の とくちょうに ついて しらべたい とき、どの 本だなを 見ると よいですか。あう もの 一つに ○を つけましょう。 6点

ア（　）「ものがたり」の 本だな
イ（　）「人の からだ」の 本だな
ウ（　）「さかな・とり」の 本だな
エ（　）「しょくぶつ」の 本だな

5

横書きで 「かんさつ発見カード」を 書くとき、どのように 書くと よいですか。二つに ○を つけましょう。 一つ5点(10点)

ア（　）日づけや じかんなどは、漢字で 書く。
イ（　）点（、）や まる（。）は 下に 書く。
ウ（　）右から 左に 文字を 書く。
エ（　）点（、）の かわりに コンマ（，）を つかっても よい。

6

思考・判断・表現

つぎの 絵の 中から、かたかなで 書く 言葉を 見つけて 文を つくりましょう。 10点

ふりかえり ⑥が 分からない ときは、19ページの ⑤に もどって かくにんしよう。

ぴったり1 じゅんび

三 本で しらべて しょうかいしよう

「生きものクイズ」で しらせよう

◎めあて
★しりたい ことを しらべて クイズを つくって しらせよう。

がくしゅうび 月 日
教科書 上62〜65ページ
答え 7ページ

かきトリ 新しい漢字

漢字	読み	画数	教科書
作	サク・サ／つくる	7かく	62ページ
週	シュウ	11かく	63ページ
間	カン・ケン／あいだ・ま	12かく	63ページ
答	トウ／こたえる・こたえ	12かく	64ページ

1 □に 読みがなを 書きましょう。

① クッキーを 作（　）る。
② 今週（　）
③ 三日間（　）
④ 工作（　）
⑤ クイズに 答（　）える。

2 □に 漢字を 書きましょう。

① □□（さくぶん）
② □□□（いっしゅうかん）
③ □（あいだ）に 入る。
④ 回□（とう）する。
⑤ □□（にんげん）
⑥ □（ま）を とる。

3 正しい　いみに　○を　つけましょう。

① 本を　読みかえす。

ア（　）一回　読んだ　ものを　また　読む。

イ（　）相手に　聞こえるように　読む。

② 友だちと　カードを　こうかんする。

ア（　）とりかえる　こと。

イ（　）ならべて　見る　こと。

③ 本の　ないようを　見る。

ア（　）あらわされて　いる　ことがら。

イ（　）かたちや、かざり。

④ にわとりの　たまごが　かえる。

ア（　）さかさまに　なる。

イ（　）たまごから　子や　ひなに　なる。

4 「生きものクイズ」を　作る　ときの　じゅんに　1～4の　ばんごうを　書きましょう。

ア（　）クイズに　したい　生きものを　きめ、しらべる。

イ（　）作った　クイズを　読みかえす。

ウ（　）クイズに　したい　ないようを　メモに　書く。

エ（　）「生きものクイズ」を　作る。

5 「生きものクイズ」を　作る　ときに　大事な　こと　一つに　○を　つけましょう。

ア（　）本で　しらべる　ときは、ひょうしを　見て、だいたいの　ないようを　つかむ。

イ（　）「もんだい」と「答え」を　みじかく　書き、「せつめい」は　くわしく　書く。

ウ（　）生きものに　ついて、みんなが　しって　いそうな　ことを　クイズに　する。

ぴったり1 じゅんび

3分でまとめ

漢字の ひろば② なかまの 言葉と 漢字
言葉の ひろば② 「言葉のなかまさがしゲーム」を しよう

めあて
★いみを もとに 漢字を なかまに 分けて みよう。
★言葉の なかまを さがそう。

がくしゅうび
月 日
教科書
上66〜70ページ
答え
8ページ

かきトリ 新しい漢字

漢字	教科書	音	訓	画数
昼	66ページ	チュウ	ひる	9かく
夜	66ページ	ヤ	よ・よる	8かく
親	66ページ	シン	おや・したしい・したしむ	16かく
兄	66ページ	キョウ	あに	5かく
父	66ページ	フ	ちち	4かく
母	66ページ	ボ	はは	5かく
姉	66ページ		あね	8かく
弟	66ページ	ダイ	おとうと	7かく
妹	66ページ		いもうと	8かく
万	67ページ	マン		3かく
語	67ページ	ゴ	かたる・かたらう	14かく
算	67ページ	サン		14かく
海	67ページ	カイ	うみ	9かく
内	67ページ	ナイ	うち	4かく
夏	70ページ	カ	なつ	10かく

1 （　）に 読みがなを 書きましょう。

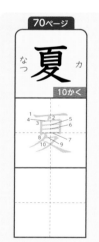

① 海（　）で およぐ。

② 親（　）と 子。

③ 兄弟（　）

④ 父母（　）の会。

⑤ 夜中（　）

⑥ 算数（　）

⑦ ドアの 内（　）がわ。

⑧ 一万円（　）

2 □に 漢字を 書きましょう。

① □(ひる)と□(よる)。

② □(ちち)と□(はは)。

③ □(あね)と□(いもうと)。

④ □(あに)と□(おとうと)。

⑤ けい□(さん)

⑥ □(なつ)休み

⑦ □(かい)水

⑧ 一人で□(かた)る。

⑨ □□(しんゆう)

⑩ □□□(がいこくご)

なかまの 言葉と 漢字

3 なかまの 漢字を □から えらんで、書きましょう。

① 月―□―星

② 父―□―弟

③ 目―□―口

④ 木―□―花

⑤ 百―千―□

草　万　日　耳　姉

「言葉のなかまさがしゲーム」を しよう

4 つぎの 言葉を まとめて いうと 何と いうかを、□から えらんで、書きましょう。

① 「テニス・たっきゅう」↓（　　）

② 「レタス・ごぼう」↓（　　）

③ 「せみ・ちょう・はち」↓（　　）

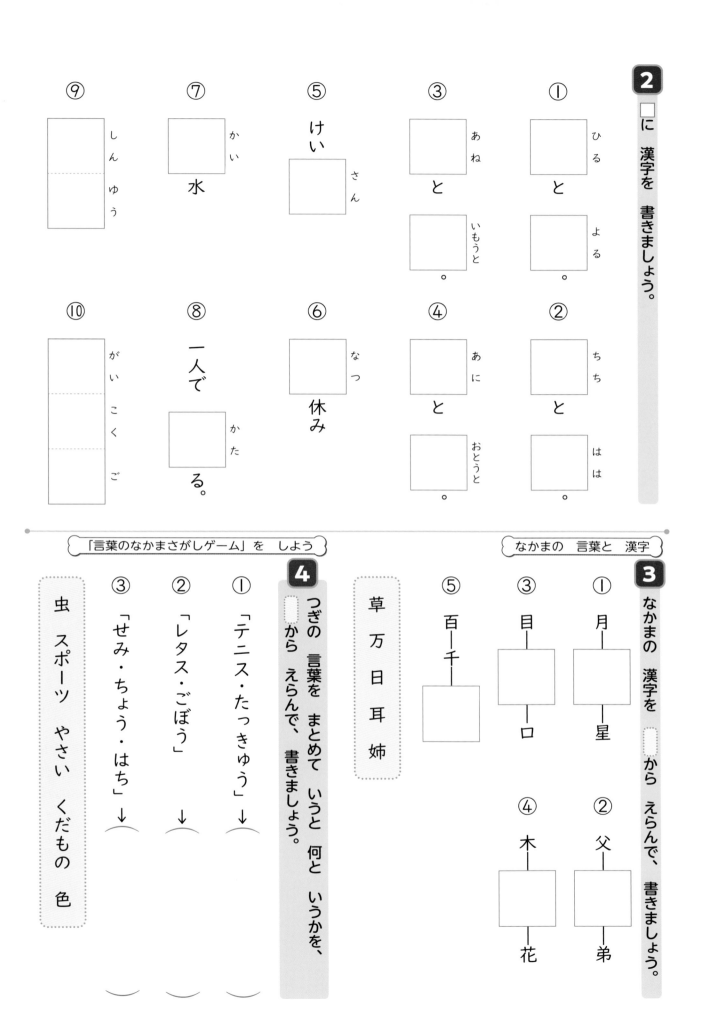

虫　スポーツ　やさい　くだもの　色

ぴったり3

たしかめのテスト

三 本で しらべて しょうかいしよう

「生きものクイズ」で しらせよう
～言葉の ひろば②
「言葉のなかまさがしゲーム」を しよう

時間 20 分

／100

ごうかく 80 点

がくしゅうび　月　日

教科書 上62～70ページ

答え 8ページ

1 （　）に 読みがなを 書きましょう。　一つ4点（32点）

① 間（　）を とる。

② かい答（　）ようし

③ どう作（　）

④ 昼（　）しょくを とる。

⑤ 妹（　）の くつ。

⑥ 本の 内（　）よう。

⑦ 春（しゅん）夏（　）秋冬（しゅうとう）

⑧ 海外（　）りょこう

2 □に 漢字を、（　）に 漢字と ひらがなを 書きましょう。　一つ4点（24点）

① 一□（まん）回

② □□（きょう だい）

③ 十五□（や）の 月。

④ □□（さん すう）

⑤ 生きものに（　　）（したしむ）。

⑥ 友と（　　）（かたらう）。

3 はんたいの　いみの　漢字を　書きましょう。　一つ4点(12点)

①　□　↕　右　　②　□　↕　外

③　□　↕　下

4 つぎの　言葉の　グループの　中で、ちがう　なかまの　言葉は　どれですか。一つに　○を　つけましょう。　一つ4点(8点)

①
(　)バス
(　)ボート
(　)トラック
(　)タクシー

②
(　)ばら
(　)きく
(　)さくらんぼ
(　)チューリップ

5 思考・判断・表現
つぎの　メモを　見て　「生きものクイズ」を　作りましょう。　一つ8点(24点)

●メモ

生きもの	もんしろちょう
ここがすごい！	春(はる)から　秋(あき)に　かけて　よう虫の　たべものに　なる　キャベツなどの　はに、たまごを　うむ。

①もんだい	②答え	③せつめい

ふりかえり　4が　分からない　ときは、27ページの　4に　もどって　かくにんしよう。

ぴったり1 じゅんび

四 くりかえしに 気を つけて、とうじょう人物の 様子を 読もう

きつねの おきゃくさま あまん きみこ

言葉の 文化③ いなばの しろうさぎ

言葉の ひろば③ うれしく なる 言葉

※かんまつのチャレンジテストであつかいます。

◎めあて
★くりかえしの 中で 同じ ところと ちがう ところを 見つけよう。
★ふるい お話を 楽しもう。
★うれしく なる 言葉を 考えよう。

がくしゅうび
月 日
教科書
上71～93ページ
答え
9ページ

かきトリ 新しい漢字

教科書ページ	漢字	音読み	訓読み	画数
72ページ	考	コウ	かんがえる	6かく
72ページ	太	タイ・タ	ふとい・ふとる	4かく
73ページ	丸	ガン	まる・まるい・まるめる	3かく
73ページ	心	シン	こころ	4かく
75ページ	切	セツ	きる・きれる	4かく
75ページ	行	コウ・ギョウ	いく・ゆく・おこなう	6かく
86ページ	場	ジョウ	ば	12かく
86ページ	楽	ガク・ラク	たのしい・たのしむ	13かく
86ページ	才	サイ		3かく
90ページ	合	ゴウ・ガッ・カッ	あう・あわす・あわせる	6かく
90ページ	時	ジ	とき	10かく
90ページ	元	ゲン・ガン	もと	4かく

1 （ ）に 読みがなを 書きましょう。

① じっと ●考える。（ ）
② ●時間（ ）
③ ◆上手（ ）
④ ●親切な 人。（ ）
⑤ ◆兄さん（ ）
⑥ ◆父さん（ ）
⑦ ◆母さん（ ）
⑧ ◆姉さん（ ）

●読み方が 新しい 字 ◆とくべつな 読み方の ことば

2

□に 漢字を 書きましょう。

① □(ふと)い ぼう。

② 一人で □(い)く。

③ ひろ□(ば)

④ □□(おんがく)

⑤ □(こころ)の 中。

⑥ □(まる)い 月。

3

うれしく なる 言葉に、——線を ひきましょう。

けいこさんへ
けいこさんは あかるいね。みんなに
たのしい 話を して くれるね。
たくさん ともだちが いるね。

3分で ワンポイント

とうじょう人物の 様子を 考えよう。

★つぎの どうぶつたちは きつねの ことを どのような お兄ちゃんと 言って いますか。（　）に あてはまる 言葉を □ から えらんで 書きましょう。

ひよこ	ひよこ、あひる	ひよこ、あひる、うさぎ
（　　）	（　　）	（　　）

親切　やさしい　かみさまみたい

四 くりかえしに 気を つけて、とうじょう人物の 様子を 読もう

きつねの おきゃくさま

文しょうを 読んで、答えましょう。

むかし むかし、あったとさ。

はらぺこきつねが あるいて いると、やせた ひよこが やって きた。がぶりと やろうと 思ったが、やせて いるので 考えた。

太らせてから たべようと。

そうとも。よく ある、よく ある ことさ。

「やあ、ひよこ。」

「やあ、きつねお兄ちゃん。」

「お兄ちゃん？ やめて くれよ。」

きつねは、ぶるるると みぶるいした。

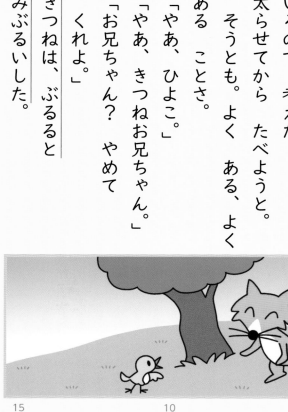

１ 「がぶりと やろうと 思った」と ありますが、ひよこを どう しようと 思ったのですか。

（　　　　　　　　）

２ 「きつねは、ぶるるると みぶるいした。」と ありますが、この 時の きつねは どんな 気持ちでしたか。一つに ○を つけましょう。

ア（　）おそろしい。

イ（　）てれくさい。

ウ（　）はらが 立つ。

ヒント
すぐ 前の きつねの 言葉を 見よう。

３ きつねが、「心の 中で にやりと わらった。」のは、なぜですか。一つに ○を つけましょう。

ア（　）ひよこを つれて かえり、太らせてから たべようと 考えたから。

がくしゅうび　月　日
教科書 上71～87ページ
答え 9ページ

でも、ひよこは　目を　丸く
して　言った。
「ねえ、お兄ちゃん。どこかに
いい　すみか、ないかなあ。
こまってるんだ。」
きつねは、心の　中で
にやりと　わらった。
「よし　よし、おれの　うちに
きなよ。」
すると、ひよこが　言ったとさ。
「きつねお兄ちゃんって、
やさしいねえ。」
「やさしい？　やめて
くれったら、そんな　せりふ。」
でも、きつねは、
生まれて　はじめて
「やさしい」なんて
言われたので、
すこし　ぼうっと　なった。

あまん　きみこ「きつねの　おきゃくさま」より

イ（　）ひよこを　つれて　かえれば、もっと　やさしいと　言われると　思ったから。

ウ（　）ひよこを　つれて　かえり、もっと　お兄ちゃんらしく　したかったから。

4 「やさしいねえ。」と　ありますが、ひよこは　なぜ　そう　思ったのですか。一つに　○を　つけましょう。

ア（　）きつねが　にやりと　わらったから。

イ（　）きつねが　いえに　さそって　くれたから。

ウ（　）きつねが　たべものを　分けて　くれたから。

5 きつねが「すこし　ぼうっと　なった。」のは、なぜですか。□に　合う　言葉を　書きぬきましょう。

生まれて　［　　　　］

「［　　　　］」と　言われたから。

ヒント　「～ので」と　書かれた　部分を　読もう。

ぴったり2

れんしゅう②

四 くりかえしに 気を つけて、とうじょう人物の 様子を 読もう

きつねの おきゃくさま

文しょうを 読んで、答えましょう。

ひよこが 春の うたなんか うたいながら あるいて いると、やせた あひるが やって きたとさ。

「やあ、ひよこ。どこかに いい すみかは ないかなあ。こまってるんだ。」

「あるわよ。きつねお兄ちゃんちよ。あたしと いっしょに 行きましょ。」

「きつね？ とうんでもない。がぶりと やられるよ。」

と、あひるが 言うと、ひよこは くびを ふった。

1 この ばめんの とうじょう人物を 出て くる じゅんに すべて 書きましょう。

（　　　　　　　　　　）

2 「いっしょに 行きましょ。」と ありますが、ひよこは、どこに 行こうと さそって いるのですか。

［　　　　］の いえ。

3 「くびを ふった。」と ありますが、ひよこが くびを ふったのは なぜですか。一つに ○を つけましょう。

ア（　）あひるの 言って いる ことが わからなかったから。

イ（　）あひるの 言って いる ことが そのとおりだと 思ったから。

がくしゅうび　　月　　日

教科書 上71～87ページ

答え 10ページ

「ううん。
きつねお兄ちゃんは、
とっても 親切なの。」
それを かげで 聞いた
きつねは、うっとりした。
そして、「親切な きつね」と
いう 言葉を、五回も
つぶやいたとさ。
さあ、そこで いそいで
うちに かえると、まって
いた。
　きつねは、
ひよこと あひるに、
それは 親切だった。
そして、二人が
「親切な お兄ちゃん」の
話を して いるのを
聞くと、ぼうっと なった。

あまん きみこ「きつねの おきゃくさま」より

ウ（　）あひるの 言って いる ことが ちがうと 思ったから。

ヒント ひよこの「ううん」と いう 言葉から 考えよう。

4 「『親切な きつね』と いう 言葉を、五回も つぶやいたとさ。」と ありますが、この 時の きつねの 気持ちに 合う ものは どれですか。一つに ○を つけましょう。

ア（　）親切だと 思われて こまって いる。
イ（　）親切だと 言われて うれしくて たまらない。
ウ（　）なぜ 親切だと 言われるのか わからない。

ヒント すぐ 前の 一文を 見よう。

5 きつねが、「ぼうっと なった。」のは、なぜですか。あてはまるもの 一つに ○を つけましょう。

ア（　）二人の 話を 聞いて うれしかったから。
イ（　）二人の 話が おもしろかったから。
ウ（　）二人の 話を 聞いて かなしかったから。

四 くりかえしに 気を つけて、とうじょう人物の 様子を 読もう

きつねの おきゃくさま
～言葉の ひろば③ うれしく なる 言葉

時間 20 分

／100

ごうかく 80 点

がくしゅうび 月 日

教科書 上71～93ページ

答え 10ページ

文しょうを 読んで、答えましょう。 思考・判断・表現

ひよこと あひるが 夏の うたなんか うたいながら あるいて いると、やせた うさぎが やって きたとさ。

「やあ、ひよこと あひる。どこかに いい すみかは ないかなあ。こまってるんだ。」

「あるわよ。きつねお兄ちゃんちよ。あたしたちと いっしょに 行きましょ。」

「きつねだって？ とうんでもない。がぶりと やられるぜ。」

「ううん。きつねお兄ちゃんは、かみさまみたいなんだよ。」

それを かげで 聞いた きつねは、うっとりして、きぜつしそうに なったとさ。

そこで、きつねは、ひよこと あひると うさぎを、そうとも、かみさまみたいに

よく出る

1 「あたしたち」とは、だれと だれですか。 一つ10点（20点）

（　　　）と（　　　）。

よく出る

2 「きつねだって？ とうんでもない。」と ありますが、うさぎが こう 言ったのは なぜですか。一つに ○を つけましょう。 10点

ア（　）きつねに たべられると 思うから。

イ（　）きつねは とても やさしいと 思うから。

ウ（　）きつねの すみかは とおいから。

3 「かみさまみたいなんだよ。」と いう 言葉を、きつねは どこで 聞いて いましたか。 10点

そだてた。そして、三人が　「かみさまみたいなお兄ちゃん」の　話を　して　いると、ぼうっとなった。

　うさぎも、まるまる　太って　きたぜ。

　ある　日。くろくも山の　おおかみが　下りてきたとさ。

「こりゃ、うまそうなにおいだねえ。ふんふん、ひよこに、あひるに、うさぎだな。」

「いや、まだ　いるぞ。きつねが　いるぞ。」

言うなり、きつねはとび出した。

　きつねの　からだに、ゆうきが　りんりんとわいた。

　おお、たたかったとも、たたかったとも。

あまん　きみこ「きつねの　おきゃくさま」より

4 「かみさまみたいなんだよ。」と　いう　言葉を聞いて、きつねは　どう　なりましたか。　20点

（　　　　　）

できたらスゴイ!

5 「うさぎも、まるまる　太って　きたぜ。」と　いう　言い方から　わかる　ことは　どれですか。一つに　○を　つけましょう。　20点

ア（　）きつねと　同じ　ものを　たべたので、うさぎが　きつねのように　なった。

イ（　）ひよこや　あひるも　きつねに　たべさせて　もらい　太って　いる。

ウ（　）ひよこや　あひるを　たべた　時と　同じで　そろそろ　たべられそうだ。

考えを書こう

6 きつねが、おおかみと　たたかったのは、なぜだと　あなたは　思いますか。　20点

（　　　　　）

ふりかえり　6が　分からない　ときは、31ページの　3分でワンポイント　に　もどって　かくにんしよう。

ぴったり3

たしかめのテスト②

四 くりかえしに 気を つけて、とうじょう人物(ぶつ)の 様(よう)子を 読もう

きつねの おきゃくさま ～言葉(ば)の ひろば③ うれしく なる 言葉

時間 20分

／100

ごうかく 80点

がくしゅうび　月　日

教科書 上71～93ページ

答え 11ページ

1 （　）に 読みがなを 書きましょう。　一つ4点(32点)

① 目を 合わせる。（　　）

② 元に もどる。（　　）

③ 太よう（　　）

④ さん考書（　　）

⑤ 中心（　　）

⑥ よい 行い。（　　）

⑦ 才のうが ある。（　　）

⑧ 楽を する。（　　）

2 □に 漢(かん)字を、書きましょう。　一つ4点(32点)

① □(かんが)えて 話す。

② ほう□(がん)なげ

③ □□(たいせつ)

④ 入□(じょう)口

⑤ □(たの)しい とき。

⑥ □(ごう)計(けい)する

⑦ □□(じゅうじ)すぎ

⑧ □(げん)気が 出る。

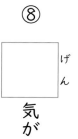

3 正しい　いみに　○を　つけましょう。

一つ4点(8点)

① しずかに　つぶやく。

ア（　）小さな　声で　ひとりごとを　言う。

イ（　）はっきりと　話す。

② ありの　すみかを　見つける。

ア（　）すんで　いる　ところ。

イ（　）となりの　いえ。

4 うれしく　なる　言葉に　ついて、合う　もの　一つに　○を　つけましょう。

8点

ア（　）できるだけ　みじかい　言葉で　言うと　よい。

イ（　）「だいじょうぶ」は　うれしく　なる　言葉では　ない。

ウ（　）気持ちが　つたわるように　くふうすると　よい。

エ（　）うれしく　なって　ほしいと　思って　いないと　言えない。

この　本の　おわりに　ある　「夏の　チャレンジテスト」を　やって　みよう！

5 思考・判断・表現

今まで　だれかに　言われて　うれしかった　言葉を　書きましょう。

一つ5点(20点)

① どんな　時に（　　　）

② だれから（　　　）

③ どんな　言葉（　　　）

④ どう　思ったか（　　　）

ふりかえり　4が　分からない　ときは、31ページの　3に　もどって　かくにんしよう。

ぴったり1 じゅんび

話したいな、聞きたいな、夏休みのこと
てんとうむし
漢字のひろば③　二つの漢字でできている言葉

※たしかめのテストであつかいます。

めあて
★話すじゅんじょに気をつけよう。
★しを読んで、生きもののいのちをイメージしよう。
★二つの漢字で言葉を作ろう。

がくしゅうび
月　日
教科書
上96～101ページ
答え
11ページ

かきトリ　新しい漢字

組	教科書96ページ	ソ	くむ・くみ	11かく
新	100ページ	シン	あたらしい・あらた・にい	13かく
牛	100ページ	ギュウ	うし	4かく
鳥	100ページ	チョウ	とり	11かく
市	101ページ	シ	いち	5かく
弓	101ページ		ゆみ	3かく
毛	101ページ	モウ	け	4かく
電	101ページ	デン		13かく
矢	101ページ		や	5かく
古	101ページ	コ	ふるい・ふるす	5かく
門	101ページ	モン		8かく
光	101ページ	コウ	ひかる・ひかり	6かく

1　（　）に読みがなを書きましょう。

① 足を組む。（　）
② 新学年（　）
③ 子牛（　）
④ 日光（　）
⑤ 学校の門。（　）
⑥ 組しき（　）
⑦ 古い本。（　）
⑧ 毛ふをかける。（　）

2 □に漢字を書きましょう。

① 二人□（ぐみ）

② □（あたら）しい年。

③ □□（こ とり）

④ □□（いち ば）へ行く。

⑤ □□（ゆみ や）

⑥ □□（でん き）

⑦ わた□（げ）

⑧ 月の□（ひかり）。

⑨ □（ぎゅう）にゅう

⑩ つかい□（ふる）す。

話したいな、聞きたいな、夏休みのこと

3 夏休みのできごとをみんなに話す時、「中」の部分(ぶ)で話すのはどれですか。一つに○をつけましょう。

ア（　）これから話すこと。

イ（　）したこと・かんじたこと・思ったこと。

ウ（　）おわりの言葉。

二つの漢字でできている言葉

4 つぎの上と下の漢字を線でつないで言葉を作り、できた言葉をすべて（　）に書きましょう。

公	小	早	馬
車	朝	川	園

（　　）（　　）

（　　）（　　）

ぴったり3

たしかめのテスト

話したいな、聞きたいな、夏休みのこと ～ 漢字のひろば③ 二つの漢字でできている言葉

時間 20分

／100

ごうかく 80点

がくしゅうび　月　日

教科書 上96～101ページ

答え 12ページ

1 しを読んで、答えましょう。　思考・判断・表現

てんとうむし

かわさき　ひろし

いっぴきでも
てんとうむしだよ
ちいさくても
ぞうと　おなじ　いのちを
いっこ　もっている
ぼくを　みつけたら
こんにちはって　いってね
そしたら　ぼくも
てんとうむしの　ことばで
こんにちはって　いうから
きみには　きこえないけど

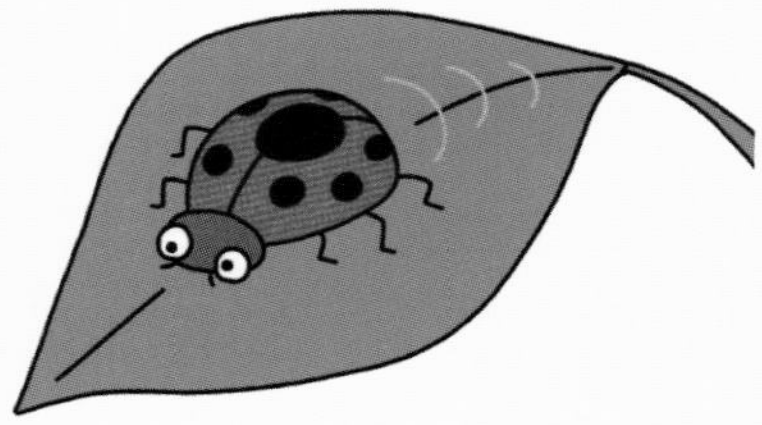

(1) 「もっている」とありますが、何をもっているのですか。　10点

（　　　　）

(2) 「ぼく」とはだれのことですか。　10点

（　　　　）

(3) 「こんにちはって　いってね」はどのように読むとよいですか。一つに○をつけましょう。　10点

ア（　）かなしそうに
イ（　）おこったように
ウ（　）おねがいするように

2

（　）に読みがなを書きましょう。　一つ5点（20点）

① つかい古す。（　）

② ガラスが光る。（　）

③ 新たな気持ち。（　）

④ 弓矢（　）

3

□に漢字を書きましょう。　一つ5点（20点）

① みずとり □□

② しちょうそん □□□

③ いえのもん□。

④ でんしゃ □□

4

つぎの言葉のいみを考えて書きましょう。　一つ5点（10点）

① 海水（　）

② 左右（　）

5

つぎの言葉のいみを考えて、二つの漢字でできた言葉を書きましょう。　一つ5点（10点）

① 白い馬 □□

② 休みの日 □□

6

思考・判断・表現

二つの漢字を組み合わせてできた言葉と、そのいみを書きましょう。　完答10点

□□（　）

ふりかえり　6が分からないときは、41ページの4にもどってかくにんしよう。

ぴったり1 じゅんび

3分でまとめ

五 登場人物が考えていたことをそうぞうしよう

わにのおじいさんのたからもの

かわさき ひろし

言葉のひろば④ はんたいのいみの言葉、にたいみの言葉

🎯めあて

★登場人物のしたことや様子を読んで、気持ちを考えよう。

★はんたいのいみの言葉と、にたいみの言葉をあつめよう。

がくしゅうび
月　日
教科書
上103〜119ページ
答え
12ページ

かきトリ 新しい漢字

教科書105ページ	106ページ	106ページ	107ページ	107ページ	109ページ	111ページ
頭 トウ・ズ あたま 16かく	野 ヤ の 11かく	体 タイ からだ 7かく	半 ハン なかば 5かく	長 チョウ ながい 8かく	顔 ガン かお 18かく	紙 シ かみ 10かく

111ページ	111ページ	118ページ	118ページ	118ページ
谷 たに 7かく	岩 ガン いわ 8かく	強 キョウ つよい・つよまる つよめる 11かく	弱 ジャク よわい・よわる よわまる・よわめる 10かく	細 サイ ほそい・ほそる こまか・こまかい 11かく

1 （　）に読みがなを書きましょう。

① 顔（　）をあげる。

② 月の半（　）ば。

③ 頭（　）をかく。

④ 野草（　）をつむ。

2 □に漢字を書きましょう。

① □（なが）い糸。

② □（かみ）に書く。

③ かぜが□（つよ）い。

④ 力が□（よわ）い。

3 正しいいみを、□からえらんで、記号(ごう)を書きましょう。

①（　）雨がぜんぜんふらない。

②（　）びょうきがすっかりよくなる。

③（　）とつぜんのことに目を丸くする。

ア　まったく。
イ　おどろいて目を大きくひらく。
ウ　かんぜんに。

4 はんたいのいみの言葉を、——線でつなぎましょう。

① 上 ・　　・ まける

② 高い ・　　・ うら

③ おもて ・　　・ ひくい

④ かつ ・　　・ 下

3分でワンポイント

登場人物の考えや気持ちをそうぞうしよう。

★①〜③に合うおにの子やわにのおじいさんの気持ちを、□の中からえらんで、記号を書きましょう。

① おにの子（　）	② わにのおじいさん（　）	③ おにの子（　）
おにの子がわにをしげしげとながめたとき。	わにがおにの子に「はっぱをこんなにたくさんかけてくれた」と言ったとき。	岩場に立ったおにの子が夕やけを見て目を丸くしたとき。

ア

びっくり

イ

うれしい

ウ

きょうみがわく

五 登場人物が考えていたことをそうぞうしよう

わにのおじいさんのたからもの

文しょうを読んで、答えましょう。

へびもかえるも、土の中にもぐりました。からすが、さむそうにないています。

ある、天気のいい日に、ぼうしをかぶったおにの子は、川岸をあるいていて、水ぎわでねむっているわにに出会いました。

わにを見るのは生まれてはじめてなので、おにの子は、そばにしゃがんで、しげしげとながめました。

そうとう年をとっていて、はなの頭からしっぽの先まで、しわしわくちゃくちゃです。

1 おにの子とわにが出会ったのはいつですか。一つに○をつけましょう。

ア（　）春

イ（　）夏

ウ（　）冬

2 おにの子は、わにとどこで出会いましたか。

ヒント はじめの部分をよく読もう。

3 「しげしげとながめました。」とありますが、この時、おにの子はどんな気持ちでしたか。一つに○をつけましょう。

ア（　）わにを生まれてはじめて見て、こわがる気持ち。

イ（　）わにを生まれてはじめて見るので、きんちょうする気持ち。

がくしゅうび　月　日

教科書 上103～117ページ

答え 13ページ

人間でいえば、百三十さいくらいのかんじ。

わには、ぜんぜんうごきません。

しんでいるのかもしれない——と、おにの子は思いました。

「わにのおじいさん。」

とよんでみました。

わには、目をつぶり、じっとしたまま。

あ、おじいさんでなくて、おばあさんなのかもしれない——と思いました。

「わにのおばあさん。」

やっぱり、わにはぴくりともうごきません。

しんだんだ——と、おにの子は思いました。

かわさき ひろし「わにのおじいさんのたからもの」より

ウ（　）わにを生まれてはじめて見るので、きょうみがわく気持ち。

4 「わには、ぜんぜんうごきません。」とありますが、わにのその様子を見て、おにの子は、どう思いましたか。□に合う言葉を書きぬきましょう。

□□□□□のかもしれないと思った。

5 おにの子が「わにのおばあさん。」と言ったのはなぜですか。□に合う言葉を書きぬきましょう。

□□□□□ではなくて、□□□□□なのかもしれないと思ったから。

ヒント 前の部分をよく読もう。

ぴったり3 たしかめのテスト①

五 登場人物が考えていたことをそうぞうしよう

わにのおじいさんのたからもの

言葉のひろば④ はんたいのいみの言葉、にたいみの言葉

時間 20分

／100

ごうかく 80点

がくしゅうび　月　日

教科書 上103～119ページ

答え 13ページ

文しょうを読んで、答えましょう。　思考・判断・表現

「きみに、わしのたからものをあげよう。うん、そうしよう。これで、わしも心おきなくあのよへ行ける。」

わにのおじいさんのせなかのしわが、じつは、たからもののかくし場所を記した地図になっていたのです。

わにのおじいさんに言われて、おにの子は、おじいさんのせなかのしわ地図を、しわのない紙に書きうつしました。

「では、行っておいで。わしは、このはっぱのふとんでもうひとねむりする。たからものってどういうものか、たか

よく出る

1 わにのおじいさんは、おにの子に何をあげると言いましたか。　10点

（　　　　　）

よく出る

2 「おじいさんのせなかのしわ地図」には、何が記されていましたか。　10点

（　　　　　）

3 「地図の×じるしの場所へたどりつきました。」とありますが、おにの子はどのようにして、この場所にたどりついたのですか。一つに○をつけましょう。　20点

ア（　）たいへんな目にあいながら、たどりついた。

イ（　）思っていたより、かんたんにたどりついた。

ウ（　）だれかにたすけてもらって、たどりついた。

「きみの目でたしかめるといい。」

そう言って、わにのおじいさんは目をつぶりました。

　おにの子は、地図を見ながら、とうげをこえ、けもの道をよこぎり、つりばしをわたり、谷川にそって上り、岩あなをくぐりぬけ、森の中で何度も道にまよいそうになりながら、やっと地図の×じるしの場所へたどりつきました。

　そこは、切り立つようながけの上の岩場でした。

　そこに立った時、おにの子は目を丸くしました。口で言えないほどうつくしい夕やけが、いっぱいにひろがっていたのです。

　思わず、おにの子はぼうしをとりました。

　これがたからものなのだ——と、おにの子はうなずきました。

かわさき ひろし「わにのおじいさんのたからもの」より

できたらスゴイ!

4 おにの子がたどりついた場所はどこでしたか。□に合う言葉を書きぬきましょう。 20点

□□ の上の岩場。

5 「おにの子は目を丸くしました。」とありますが、ここからおにの子のどんな気持ちがわかりますか。一つに○をつけましょう。 20点

ア（　）たからものをひとりじめして、もうしわけない気持ち。

イ（　）たからものを見つけたので、やっとかえれるとほっとする気持ち。

ウ（　）すばらしいたからものを見て、おどろく気持ち。

考えを書こう

6 おにの子にとっての「たからもの」とは、どんなものだと思いますか。考えて書きましょう。 20点

ふりかえり ５が分からないときは、45ページの 3分でワンポイント にもどってかくにんしよう。

ぴったり3

たしかめのテスト②

五 登場人物が考えていたことをそうぞうしよう

わにのおじいさんのたからもの

言葉のひろば④ はんたいのいみの言葉、にたいみの言葉

時間 20 分

／100

ごうかく 80 点

がくしゅうび　月　日

教科書 上103〜119ページ

答え 14ページ

1 （　）に読みがなを書きましょう。　一つ3点(24点)

① 紙（　）をおる。

② 谷（　）ぞこにおちる。

③ 体（　）そう

④ 頭上（　）を見上げる。

⑤ 細（　）かくきざむ。

⑥ 野（　）はらをあるく。

⑦ 細長（　）いかたち。

⑧ 半分（　）に切る。

2 □に漢字を書きましょう。　一つ3点(24点)

① □（や）きゅう

② □（あたま）がいたむ。

③ 大きな□（いわ）。

④ □（からだ）をきたえる。

⑤ □□（きょうじゃく）

⑥ □（かお）をあらう。

⑦ 画よう□（し）

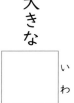

⑧ □□（こうちょう）先生

3 はんたいのいみの言葉を、――線でつなぎましょう。 一つ2点(10点)

① ふかい ・　・ よこ
② たて ・　・ とおい
③ あける ・　・ あさい
④ 近い ・　・ おわり
⑤ はじめ ・　・ とじる

4 つぎのはんたいのいみの言葉を書きましょう。 一つ5点(15点)

① 右 ―（　　　）
② うれしい ―（　　　）
③ 出る ―（　　　）

5 ――線の言葉と、にたいみの言葉を、□からえらんで、書きましょう。 一つ5点(15点)

① れきしにかんする図書。（　　　）
② 漢字をおそわる。（　　　）
③ おそろしい目でにらむ。（　　　）

ならう　こわい　本

6 にたいみの言葉を、□からえらんで、書きましょう。 一つ3点(12点)

① おこる（　　　）
② いさましい（　　　）
③ お母さん（　　　）
④ とびら（　　　）

母親　ゆうかんだ
ドア　はらが立つ

ふりかえり 3が分からないときは、45ページの4にもどってかくにんしよう。

町の「すてき」をつたえます

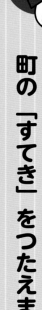

めあて
★はじめ・中・おわりに組み立てて、まとまりのある文章を書こう。

がくしゅうび　月　日
教科書 上120～125ページ
答え 14ページ

かきトリ 新しい漢字

教科書120ページ 科 カ 9かく	121ページ 室 シツ 9かく	122ページ 理 リ 11かく	123ページ 知 チ しる 8かく

1 □に読みがなを書きましょう。

① 生活科
② 休む理由。
③ しちょうかく室
④ 大人と子ども。

◆とくべつな読み方のことば

2 □に漢字を書きましょう。

① ものごとを［し］る。
② ［りか］のじっけん。
③ 前田さんは、母の［ちじん］だ。
④ ほけん［しつ］に行く。

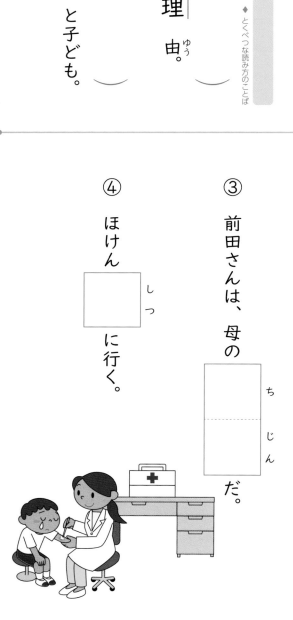

3 町たんけんしたことを文章に書く時に大切なこととして、合うもの一つに○をつけましょう。

ア（　）見つけたことや、聞いたことは、たんけんしたじゅんに書く。

イ（　）行った場所をえらんだ理由は、書かなくてもよい。

ウ（　）思ったことは「はじめ」に書く。

4 つぎの文の（　）に合う言葉を、あとの［　］からえらんで、記号を書きましょう。（同じ記号は二回つかえません。）

きょうは、やさいいためを作ります。
（①　）、やさいを切ります。
（②　）、切ったやさいをフライパンでいためながら、しおとこしょうをふります。
（③　）、きれいにおさらにもりつけてみましょう。

［ア　つぎに　　イ　さいごに　　ウ　はじめに］

5 理由をあらわす言い方に——線をひきましょう。

わたしは、かんごしになりたいです。どうしてかというと、けがやびょうきをした人をたすけたいからです。

6 つぎの文を、「〜そうです。」という言葉をつかって、書きなおしましょう。

山田さんが、「ここは、図書館です。」とおしえてくれました。

ぴったり3 たしかめのテスト

六 まとまりのある文章を書こう

町の「すてき」をつたえます

時間 20分

/100

ごうかく 80点

がくしゅうび　月　日

教科書 上120〜125ページ

答え 15ページ

1 文章を読んで、答えましょう。　思考・判断・表現

わたしは、生活科の時間に、町たんけんで行った、とうぶ図書館のことについてしょうかいします。どうしてかというと、わたしは、本を読むのが大すきで、図書館のことをくわしく知りたかったからです。

図書館につくと、はじめに、二かいのしちょうかく室に行きました。図書館のかたが、わたしたちのしつもんに答えてくれました。とうぶ図書館の本の数は、十二万八千さつぐらいだそうです。とうぶ図書館ではたらいている人の数は、二十七人だとおしえてもらいました。

つぎに、大人の本をおいて

よく出る

(1) 行き先にとうぶ図書館をえらんだわけを、つぎの中からえらんで、一つに○をつけましょう。 10点

ア（　）ふだんから図書館によく行くので、どんなところかくわしく知っているから。

イ（　）生活科の時間に、図書館のことを本でくわしくしらべたから。

ウ（　）本を読むのが大すきで、図書館のことをくわしく知りたかったから。

(2) 図書館につくと、はじめにどこへ行きましたか。 10点

（　　　　　）

できたらスゴイ！

(3) 図書館のかたに、どんなことをしつもんしたと考えられますか。二つ書きましょう。 一つ10点(20点)

（　　　　　）

（　　　　　）

いるへやに行きました。そこには、パソコンでしごとをするための場所もありました。自分のパソコンをもってきて、そこでしごとをするということでした。

さいごに、一かいに行きました。一かいには、古い本や、とうぶ図書館に何さつもある本をしまってあるへやがありました。きゅうけい室もありました。きゅうけい室には、図書館の本をもちこんではいけないそうです。きゅうけい室に自動はんばいきがあったので、すこしおどろきました。

ながやらく「とうぶ図書館の『すてき』」「町の『すてき』をつたえます」より

(4) 「すこしおどろきました。」とありますが、どんなことにおどろいたのですか。 20点

（　　　　）

考えを書こう

(5) あなたは、町たんけんをするなら、どこに行きたいですか。理由とあわせて書きましょう。 20点

（　　　　）

2 （　）に読みがなを書きましょう。 一つ5点(10点)

① 室内 であそぶ。（　　　）

② 本を読んで 知 しきをえる。（　　　）

3 □に漢字を書きましょう。 一つ5点(10点)

① りょう［り］を手つだう。

② とくいな［か］［もく］。

ふりかえり ❶(5)が分からないときは、53ページの❺にもどってかくにんしよう。

一 じゅんじょや様子をあらわす言葉に気をつけよう

さけが大きくなるまで　この間に何があった？

めあて
★じゅんじょや時をあらわす言葉に気をつけて、さけの様子を読みとろう。
★二つのしゃしんを見くらべて、間におこったできごとをそうぞうしよう。

がくしゅうび　月　日
教科書 下7〜27ページ
答え 15ページ

かきトリ 新しい漢字

教科書ページ	漢字	音読み	訓読み	画数
8ページ	北	ホク	きた	5かく
8ページ	魚	ギョ	うお・さかな	11かく
8ページ	秋	シュウ	あき	9かく
10ページ	冬	トウ	ふゆ	5かく
13ページ	広	コウ	ひろい・ひろまる・ひろめる・ひろがる・ひろげる	5かく
13ページ	食	ショク	くう・たべる	9かく
14ページ	帰	キ	かえる・かえす	10かく
18ページ	東	トウ	ひがし	8かく
18ページ	西	セイ・サイ	にし	6かく
18ページ	南	ナン	みなみ	9かく

「食」の八画目と九画目は、「人」にならないように書こう。

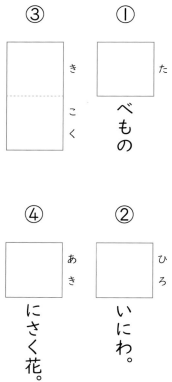

1 （　）に読みがなを書きましょう。

① 魚をやく。
② いえに帰る。
③ 春夏秋冬
④ 東西南北

2 □に漢字を書きましょう。

① □（た）べもの
② □（ひろ）いにわ。
③ □□（きこく）
④ □（あき）にさく花。

3 正しいいみを、□からえらんで、記号（ごう）を書きましょう。

① サッカーボールを__いきおいよく__ける。（　）
② うんどう場に__くぼみ__ができる。（　）
③ 妹はせい長して、体が__しっかり__してきた。（　）
④ __いよいよ__、えん足の日がやってきた。（　）

ア　体がけんこうな様子。
イ　とうとう。
ウ　元気よく。
エ　へこんでいるところ。

4 二まいのしゃしんの間に何がおこったかを考える時、どうするとよいですか。一つに○をつけましょう。

ア（　）二まいのしゃしんをくらべてちがうところをさがす。
イ（　）しゃしんがとられた場所（しょ）をさがす。
ウ（　）あとのしゃしんだけをよく見る。

3分でワンポイント

じゅんじょをあらわす言葉をたしかめて書こう。

★さけの様子にあてはまる、時をあらわす言葉を、□からえらんで、（　）に記号を書きましょう。

①（　）

②（　）
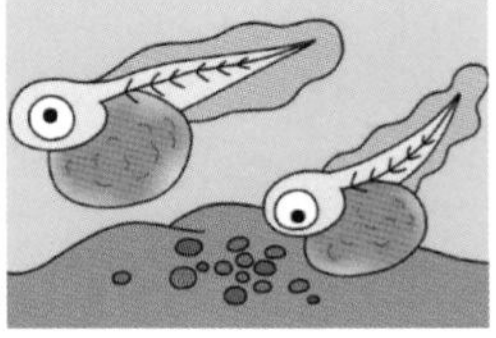

③（　）

ア　冬の間　イ　春になるころ　ウ　秋になるころ

ぴったり3 たしかめのテスト

一 じゅんじょや様子をあらわす言葉に気をつけよう

さけが大きくなるまでこの間に何があった？

時間 20分

／100

ごうかく 80点

がくしゅうび　月　日

教科書 下7〜27ページ

答え 16ページ

1 文章を読んで、答えましょう。　思考・判断・表現

さけは、北の海にすむ大きな魚です。あの七十センチメートルほどもある魚は、どこで生まれ、どのようにして大きくなったのでしょう。

秋になるころから、大人のさけは、たくさんあつまって、たまごをうみに、海から川へやってきます。そして、いきおいよく川を上ります。三メートルぐらいのたきでものりこえて、川上へ川上へとすすんでいきます。

やがて、水のきれいな川上にたどりつくと、さけは、おびれをふるわせて、すなや小石の川ぞこをほります。ふかさが三十センチメートルぐらいになると、そのくぼみのそこにたまごをたくさんうんで、うめてしまいます。

(1) さけはどこにすむ魚ですか。　10点

（　　　　）

よく出る

(2) 秋になるころ、大人のさけは、どこからどこへやってきますか。　一つ5点（10点）

（　　　　）から（　　　　）へ

よく出る

(3) (2)のように場所をうつったあと、さけがすることのじゅんになるように、1〜4のばんごうを書きましょう。　完答20点

ア（　）ふかさが、三十センチメートルぐらいになると、くぼみにたまごをうんで、うめる。

イ（　）いきおいよく川を上る。

ウ（　）おびれをふるわせて、川ぞこをほる。

エ（　）水のきれいな川上にたどりつく。

冬の間に、たまごからさけの赤ちゃんが生まれます。大きさは三センチメートルぐらいです。その時は、おなかに、赤いぐみのみのような、えいようの入ったふくろがついています。やがて、それがなくなって、四センチメートルぐらいの小魚になります。

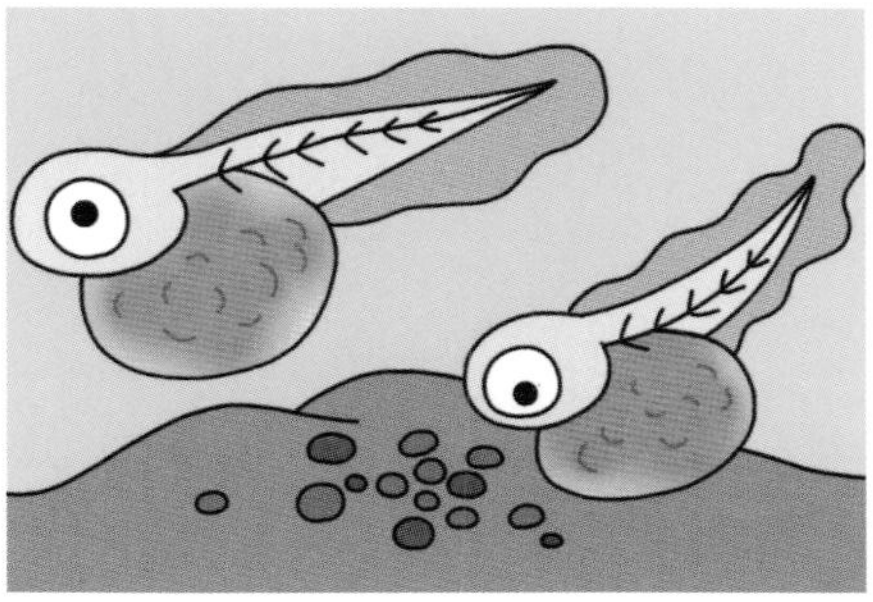

「さけが大きくなるまで」より

できたらスゴイ!

(4) 生まれた時、さけの赤ちゃんのおなかには、何がついていますか。 20点

考えを書こう

(5) (4)で答えたものはどうしてついているのでしょうか。あなたの考えを書きましょう。 25点

2

思考・判断・表現

つぎの二まいの絵の間に、何がおこったかを考えて、言葉で書いてみましょう。 15点

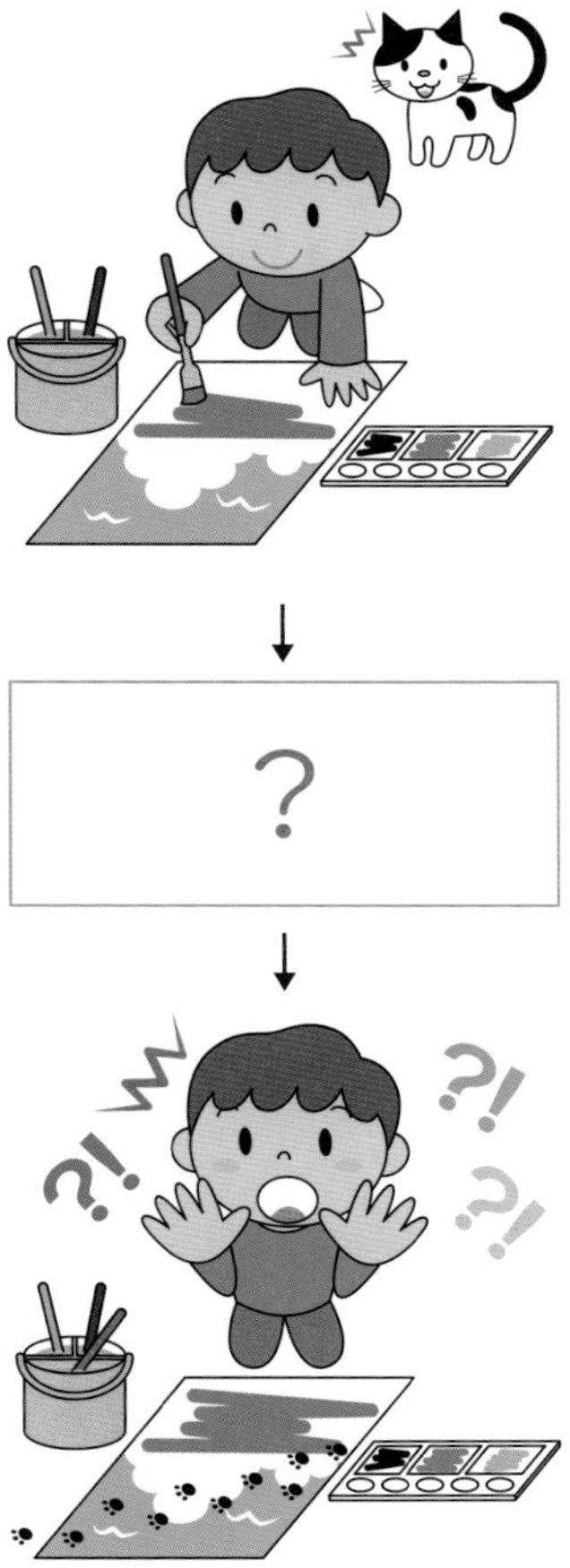

ふりかえり ❶(2)が分からないときは、57ページの 3分でワンポイント にもどってかくにんしよう。

二 様子をよく見て、くわしく書こう

おもしろいもの、見つけたよ
言葉の文化④「あいうえお」であそぼう

3分でまとめ

めあて
★見つけたものの様子がつたわるように文章を書こう。
★「あいうえお」をつかった文を作ってみよう。

がくしゅうび　月　日
教科書 下28〜32ページ
答え 16ページ

かきトリ 新しい漢字

教科書30ページ
少 ショウ すくない・すこし 4かく

1 （　）に読みがなを書きましょう。

① コップの水が 少（　）ない。
② ほんの 少数（　）の人たち。

2 □に漢字を書きましょう。

① おかしを □（すこ）しだけ食べる。

3 正しいいみに○をつけましょう。

① おもしろい本をしょうかいする。
ア（　）ものごとを人に知らせること。
イ（　）文章を、声に出して読むこと。

② おたがいの作文を読み合う。
ア（　）とてもなかのよい友だち。
イ（　）自分と相手。

おもしろいもの、見つけたよ

4 ものの様子をつたえる文章を書く時、「中」にはどんなことを書くとよいですか。一つに○をつけましょう。

ア（　）色・形・大きさ
イ（　）思ったこと
ウ（　）見つけたもの

おもしろいもの、見つけたよ

5

つぎの（　）に合う言葉を、あとの［　］からえらんで、書きましょう。

① 毛が長く（　　　　）とした犬のしっぽ。

② 赤ちゃんのはだは（　　　　）している。

③ （　　　　）光るコインを見つける。

④ とげがあって、さわると（　　　　）する。

［ぴかぴか　ふさふさ
ちくちく　すべすべ］

「あいうえお」であそぼう

6

□につづく言葉を、［　］からえらんで書き、「あいうえお」をつかった文をかんせいさせましょう。

あ（　　　　）

い（　　　　）

う（　　　　）

え（　　　　）

お（　　　　）

［みやげはお星さま
したみんなで
ん足
ってみよう
ちゅうへ］

ぴったり3 たしかめのテスト

二 様子をよく見て、くわしく書こう

おもしろいもの、見つけたよ

言葉の文化④「あいうえお」であそぼう

時間 20分

／100

ごうかく 80点

がくしゅうび　月　日

教科書 下28〜32ページ

答え 17ページ

1 文章を読んで、答えましょう。　思考・判断・表現

はじめ

あさひ公園で、ふさふさの上着をきているようなどんぐりを見つけました。

中

どんぐりのかたいところをさわると、すべすべしています。上着のような部分は、少しちくちくします。色は、こげちゃ色です。形は、丸です。だいたい二センチメートルくらいで、おはじきと同じくらいの大きさです。光があたると、ぴかぴか光って見えます。

おわり

上着をきているようなどんぐりは、とてもあたたかそうに見えます。もうすぐ冬だからかなあ、と思いました。

きたはら　だいち「おもしろいもの、見つけたよ」より

よく出る

(1) ふさふさの上着をきているようなどんぐりは、どこで見つかりましたか。　10点

(2) どんぐりの色と形をそれぞれ書きぬきましょう。　一つ5点(10点)

色（　　　　）

形（　　　　）

できたらスゴイ！

(3) どんぐりの大きさを、何とくらべてあらわしていますか。　10点

（　　　　）の大きさ

考えを書こう

(4) 上着をきているようなどんぐりを見たら、あなたはどう思いますか。思ったことを書きましょう。　10点

2

（　）に読みがなを書きましょう。　一つ5点（10点）

① 少し早い。（　　）

② 少女（　　）

3

□に漢字を書きましょう。　5点

① しょうねん □□

4

思考・判断・表現

「――と同じくらい」という言葉をつかって、絵の様子がよくつたわる文をかんせいさせましょう。　25点

あさがおのはは、

5

思考・判断・表現

五文字の言葉をえらび、一文字ずつ□に書きましょう。その言葉をつかった文を作りましょう。　20点

ア □（　　）

イ □（　　）

ウ □（　　）

エ □（　　）

オ □（　　）

ふりかえり　❶(2)が分からないときは、60ページの❹にもどってかくにんしよう。

ぴったり1 じゅんび

三 心にのこったところをしょうかいし合おう

ないた赤おに

はまだ ひろすけ

めあて
★登場人物がどのようにかかわり、かんけいがかわったかを考えよう。

がくしゅうび　月　日
教科書 下33〜55ページ
答え 17ページ

かきトリ 新しい漢字

教科書34ページ	家	カ・ケ	いえ・や	10かく
35ページ	角	カク	かど・つの	7かく
35ページ	当	トウ	あたる・あてる	6かく
36ページ	戸	コ	と	4かく
37ページ	首	シュ	くび	9かく
40ページ	茶	チャ		9かく
40ページ	引	イン	ひく・ひける	4かく
40ページ	毎	マイ		6かく
41ページ	遠	エン	とおい	13かく
46ページ	後	ゴ・コウ	のち・うしろ・あと	9かく

「角」の上の部分は「々」にならないように気をつけよう。

1 （　）に読みがなを書きましょう。

① 頭に角がある。

② 家に帰る。

③ 本当のこと。

④ 戸をしめる。

⑤ まとに●当てる。

⑥ かぶを引きぬく。

⑦ 遠足

⑧ 後ろに立つ。

●読み方が新しい字

2 □に漢字を書きましょう。

① お□（ちゃ）をのむ。

② □（くび）をまげる。

③ □□（まいにち）

④ □（とお）くを見る。

3 正しいいみを、□からえらんで、記号（ごう）を書きましょう。

① かれはとんでもないことを言っている。（　）

② こわくて、いちもくさんににげだした。（　）

③ すごすごと家に帰ってきた。（　）

④ うらめしそうに立てふだを見る。（　）

ア　元気なく立ちさる様子（よう）。
イ　いきおいよくすすむ様子。
ウ　ざんねんそうに。
エ　とても考えられない。

3分でワンポイント

登場人物のしたことや言ったことで、ほかの登場人物がどうかわったかたしかめよう。

★赤おにの気持ち（も）を□から一つずつえらんで、記号を書きましょう。

①（　）	木こりたちがにげていった時。
②（　）	村人と友だちになれた時。
③（　）	青おにのはり紙を読んだ時。

ぴったり1 じゅんび

読書の広場③ 「お話びじゅつかん」を作ろう

めあて
★お話の心にのこったところを、友だちにつたえよう。

がくしゅうび　月　日
教科書 下56〜59ページ
答え 18ページ

かきトリ 新しい漢字

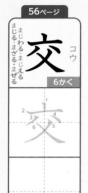

教科書56ページ
教 キョウ おしえる・おそわる 11かく

56ページ
交 コウ まじわる・まじえる・まじる・まざる・まぜる 6かく

1 （　）に読みがなを書きましょう。

① 教室（　）
② 交（　）代（たい）する。
③ ひみつを教（　）える。
④ みぶりを交（　）えて話す。

2 □に漢字を、（　）に漢字とひらがなを書きましょう。

① □□□（きょうかしょ）
② □□（こうつう）ルール
③ 先生に（おそわる）。
④ 道が（まじわる）。
⑤ 大人と子どもが（まじる）。

3 「お話びじゅつかん」を作る時に、気をつけることとして、（　）に合う言葉を書きましょう。

① 読んだお話の（　　　）を絵にかく。

② 作った人は（　　　）のせつめいをしてもよい。

③ 見る人は（　　　）をしてもよい。

④ とちゅうで、見る人とせつめいする人のやくわりを（　　　）する。

しつもん　絵　心にのこったところ　交代

4 「お話びじゅつかん」の絵につけるカードには、何を書きますか。□の中から一つずつえらんで書きましょう。

①（　　　）

『②（　　　）』

「作者（　　　）」

〈③（　　　）〉

ア　自分の名前
イ　絵の題名
ウ　本の題名

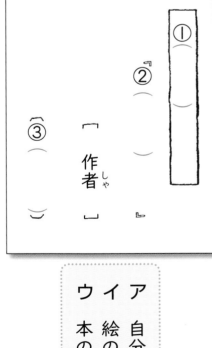

三 心にのこったところをしょうかいし合おう

ないた赤おに
読者の広場③「お話びじゅつかん」を作ろう

時間 20分

／100

ごうかく 80点

がくしゅうび　月　日

教科書 下33〜59ページ

答え 18ページ

文章を読んで、答えましょう。　思考・判断・表現

木こりどもはびっくりしました。

「わっ、たいへんだ。」

「にげろ、にげろ。」

と、かけ出して、二人いっしょに、どんどんと山を下っていきました。

「おうい、しばらくまってくれ。だますんじゃない。本当なんだ。おいしいおかしだ。おいしいお茶だ。」

おには、あとからそう言っておいかけました。けれども、二人はいちもくさんににげて、見えなくなりました。赤おにはがっかりしました。すごすごと、うちの前までもどってきました。そして、自分の立てふだをうらめしそうに見ていましたが、ふと手をかけて、立

1 「にげろ、にげろ。」と、木こりたちがにげてしまったのはなぜですか。一つに○をつけましょう。　20点

ア（　）赤おににおどかされたから。

イ（　）赤おにが、ごちそうで木こりたちをだまそうとしていると思ったから。

ウ（　）赤おにがおそろしいぶきをもっていたから。

よく出る

2 木こりがにげていくのを見て、赤おにはどう思いましたか。　20点

［　　　　］した。

できたらスゴイ！

3 「立てておいてもちっともやくに立ちゃしない。」と赤おにが言うのは、なぜですか。　20点

（　　　　　　　　　　）

てふだを引きぬきながら言いました。

「こんなもの、立てておいてもちっともやくに立ちゃしない。毎日、おかしをこしらえて、毎日、お茶をわかしていても、だれもあそびにきはしない。いまいましいな。」

そうつぶやいて、赤おには立てふだをふみつけました。いたがバリバリわれました。おにはむしゃくしゃしていました。立てふだのくいをポキンとおりました。

ちょうどその時、一人のおきゃくがやってきました。おきゃくといっても、人間のおきゃくさまではありません。なかまのおにで、足のうらまで青いという青おになのでありました。その青おには、その日の朝に、遠い遠い山の方からうちを出て、あそびにきたのでありました。

「どうしたんだい。手あらいことをして。」

と、青おにはそばから声をかけました。

はまだ　ひろすけ「ないた赤おに」より

4 「一人のおきゃく」とありますが、どこからきた、だれですか。　一つ5点(10点)

どこ（　　　　）

だれ（　　　　）

5 「手あらいこと」とは、どんなことですか。一つに○をつけましょう。　10点

ア（　）赤おにが、ひとり言をつぶやいたこと。

イ（　）赤おにが、おかしをこしらえて、お茶をわかしていたこと。

ウ（　）赤おにが、立てふだをふみつけ、くいをおったこと。

考えを書こう

6 あなたが村人だったら、赤おにと出会った時、どうすると思いますか。　20点

（　　　　）

ふりかえり　②が分からないときは、65ページの 3分でワンポイント にもどってかくにんしよう。

ぴったり1 じゅんび

四 しつもんしたり答えたりして、つないで話し合おう
「クラスお楽しみ会」をひらこう
みじかい言葉で
漢字の広場④ 漢字のつかい方と読み方

めあて
★話し合いで、友だちの話とつないで考えをつたえよう。
★気持ちをみじかい言葉で書こう。
★漢字の読み方といみのちがいを知ろう。

がくしゅうび 月 日
教科書 下60〜67ページ
答え 19ページ

がきトリ 新しい漢字

字	教科書	音読み	訓読み	画数
多	60ページ	タ	おおい	6かく
晴	66ページ	セイ	はれる・はらす	12かく
社	66ページ	シャ	やしろ	7かく
歩	66ページ	ホ	あるく・あゆむ	8かく
売	67ページ	バイ	うる・うれる	7かく
計	67ページ	ケイ	はかる・はからう	9かく
肉	67ページ	ニク		6かく
船	67ページ	セン	ふね・ふな	11かく

「船」の二画めははらうよ。

1 （　）に読みがなを書きましょう。

① 晴天がつづく。
② 海まで歩く。
③ 本を売る。
④ 計算する。

●読み方が新しい字

2 □に漢字を書きましょう。

① （かいしゃ）に行く。
② （にく）を食べる。
③ （ふね）にのる。
④ 数が（おお）い。

3

□の中に入る言葉を、□の中からえらんで、記号(ごう)を書きましょう。

① はるたさんは、（　　）、水ぞくかんに行きたいと思うの（　　）。

② 水ぞくかんは、いろいろな魚を見ることができて、雨の日でも楽しめる（　　）。

③ 雨の日でも楽しめるのは、いいですね。

ア ですか　イ からです　ウ どうして

4

「クラスお楽しみ会」でするあそびについて、グループで話し合うじゅんに、1～4のばんごうを書きましょう。

（　）友だちの話を聞き、もっと知りたいことやわからないことを、しつもんする。

（　）考えたあそびとその理由(ゆう)をカードに書く。

（　）カードをつかって、したい理由を話す。

（　）一人ずつ、やりたいあそびを考える。

5

絵を見て、かんじたことをあらわす言葉を□からえらんで、記号を書きましょう。

（　）（　）（　）（　）

ア たのしい　イ かなしい　ウ がっかり　エ びっくり

6

①～⑤の□に読み方を書きましょう。

空

①（　）気

②（　）色

③（　）っぽ

④（　）く

⑤（　）ける

ぴったり3 たしかめのテスト

四 しつもんしたり答えたりして、つないで話し合おう

「クラスお楽しみ会」をひらこう

〜 漢字(かん)の広場④ 漢字のつかい方と読み方

時間 20分

／100

ごうかく 80点

がくしゅうび 月 日

教科書 下60〜67ページ

答え 19ページ

1 （ ）に読みがなを書きましょう。 一つ3点（24点）

① 売店(てん)（ ）

② 空が晴れる。（ ）

③ 歩行（ ）

④ 船で行く。（ ）

⑤ 計算をする。（ ）

⑥ 船たびに出る。（ ）

⑦ 人が多い。（ ）

⑧ 牛肉（ ）

2 □に漢字を、（ ）に漢字とひらがなを書きましょう。 一つ3点（18点）

① うらみを □(は) らす。

② 村の □(やしろ) 。

③ □□(たすう)

④ □□(せんちょう)

⑤ それぞれの道を（あゆむ）。

⑥ うまくいくように、とり（はからう）。

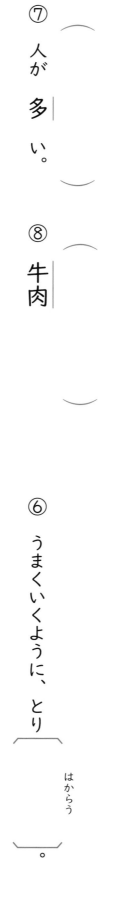

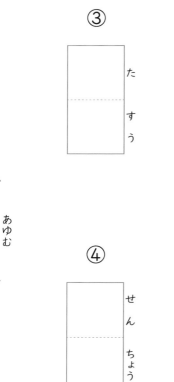

3 おくりがなに気をつけて、――線の言葉を漢字で書きましょう。

一つ6点(18点)

・やさいのねだんが<u>さがる</u>。（　　）

・船で川を<u>くだる</u>。（　　）

・たなからにもつを<u>おろす</u>。（　　）

4 どんな気持ちになるか、みじかい言葉で書きましょう。

一つ10点(20点)

① プレゼントをもらった時。（　　）

② みんなの前で、はっぴょうする時。（　　）

5 思考・判断・表現

「クラスお楽しみ会」でするあそびをきめる話し合いで二つの考えが出ました。あなたはどちらのあそびがよいと思うか、理由もいっしょに書きましょう。

20点

やまださん

わたしは、おにごっこがしたいです。どうしてかというと、ルールがかんたんで、クラスぜんいんでできるからです。

きたださん

わたしは、なぞなぞ大会がしたいです。なぞなぞは、うんどうのすきではない人も楽しめると思うからです。

ふりかえり ❹が分からないときは、71ページの❺にもどってかくにんしよう。

3分でまとめ

五 せつめいのくふうを読んでたしかめ、せつめい書を書こう

ジャンプロケットを作ろう
おもちゃのせつめい書を書こう

めあて
★じゅんじょをしめす書き方に気をつけて読もう。
★よくわかるようにくふうしておもちゃのせつめい書を書こう。

がくしゅうび　月　日
教科書 下69～83ページ
答え 20ページ

かきトリ 新しい漢字（かん）

教科書74ページ
台 ダイ・タイ 5かく

1 □に読みがなを書きましょう。

① 台紙（　）に、どうぶつの絵をかく。

② 台（　）風（ふう）にそなえてじゅんびをする。

2 □に漢字を書きましょう。

① げきの□□（だいほん）を読む。

おもちゃのせつめい書を書こう

3 ——線の言葉はどのような言い方ですか。□からえらんで、記号（ごう）を書きましょう。

①（　）それでは、作ってみましょう。

②（　）それでは、作ってみます。

ア 自分がこれからすることを、せつめいする言い方。
イ 相手（あい）にそうするようにさせたり、さそったりする言い方。

4 おもちゃのせつめい書を書く時に、どんなことに気をつけるとよいですか。□からえらんで書きましょう。

① 「作り方」や「あそび方」は、せつめいする（　　　）のとおりに書く。

② 「作り方」のせつめいには、「まず」「（　　　）」など、じゅんじょをあらわす言葉をつかう。

③ 「作り方」のせつめいには、作った時に気をつけたことや（　　　）したことを書く。

くふう　　じゅんじょ　　つぎに

作り方などをわかりやすくせつめいするためには、どのような書き方をするとよいかな？

3分でワンポイント

じゅんじょをあらわす言葉に気をつけて読もう。

★ジャンプロケットの作り方のじゅんに、1〜4のばんごうを書きましょう。

紙コップの口に四かしょ、しるしをつける。

色紙のはねと頭を紙コップにとりつける。

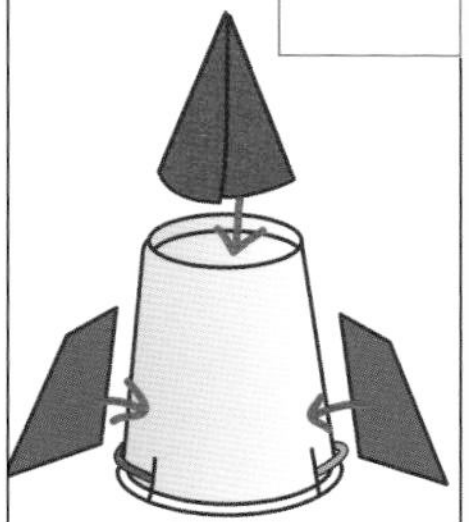

しるしに、はさみで切りこみを入れる。

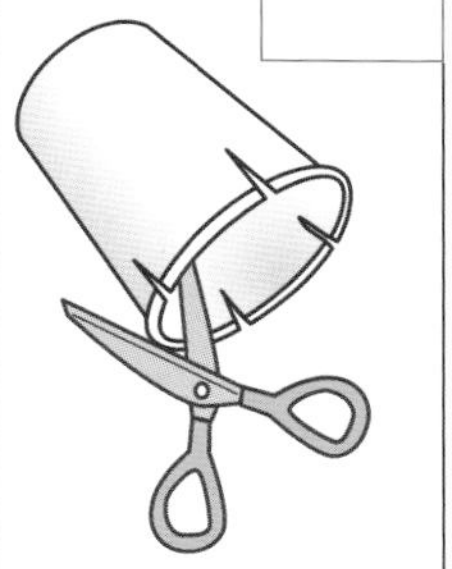

わゴムを紙コップにとりつける。

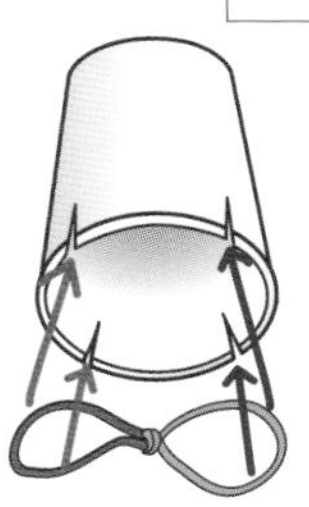

ジャンプロケットを作ろう
おもちゃのせつめい書を書こう

時間 20分

／100

ごうかく 80点

がくしゅうび 月 日

教科書 下69～83ページ

答え 20ページ

つぎの文章と教科書72～74ページのしゃしんを見て、答えましょう。 思考・判断・表現

作り方

一 とび出すしかけを作る

まず、**しゃしん**①のように、紙コップの口に四かしょ、しるしをつけます。しるしとしるしの間を同じにするには、一かしょめのしるしをつけたら、二かしょめは、今つけたしるしのむかい合わせのいちにしるしをつけるとうまくいきます。そして、一かしょめと二かしょめのちょうど半分のいちに、のこり二つのしるしをつけます。

しるしをつけたら、**しゃしん**②のように、しるしをつけた四かしょすべてに、はさみで三ミリメートルほどの切りこみを入れます。

つぎに、二本のわゴムをつなぎます。**しゃしん**③のように、二本のわゴムをかさねたら、かたほうのわゴムをくぐらせ、矢じるしの方向に引っぱります。すると、二本のわゴムはつな

1 ロケットを作るためのざいりょうを、上の「作り方」からさがし、三つ書きぬきましょう。 一つ10点(30点)

(　　　　)

(　　　　)

(　　　　)

できたらスゴイ!

2 二かしょめのしるしを、一かしょめのむかい合わせにつけるのはなぜですか。□に合う言葉を書きぬきましょう。 10点

しるしとしるしの間を□ため。

がります。

さいごに、わゴムを紙コップにとりつけます。つないだわゴムを、**しゃしん④**のように、切りこみに合わせ、十字にひっかけます。

これで、とび出すしかけができあがりました。

二 ロケットとはっしゃ台を作る

まず、色紙にロケットのはねを二まいかきます。このとき、ちゅういすることが二つあります。はねは、紙コップの高さより大きくしないことと、**しゃしん⑤**のように、のりしろをかきたしておくことです。

のりしろを切らないように、はねをはさみで切りとったら、のりしろをおり、のりをつけて、紙コップにとりつけます。**しゃしん⑥**のように、わゴムをひっかけたいちに合わせると、同じはばではることができます。

「ジャンプロケットを作ろう」より

この 本の おわりに ある「冬の チャレンジテスト」を やって みよう！

よく出る

3 とび出すしかけを作る時のじゅんじょに、1～4のばんごうを書きましょう。 完答20点

（　）二本のわゴムをつなげる。

（　）紙コップにはさみで切りこみを入れる。

（　）わゴムを紙コップの切りこみに引っかける。

（　）紙コップの口にしるしをつける。

4 色紙にロケットのはねを書く時、どのようなことにちゅういするとよいですか。□に合う言葉を書きぬきましょう。 一つ10点(20点)

・はねは、紙コップの高さより□□□□□□こと。
・□□□□をかきたしておくこと。

考えを書こう

5 この文章は、作り方をわかりやすくするために、どのようなくふうがされていますか。 20点

（　　　　）

ふりかえり ❸が分からないときは、75ページの 3分でワンポイント にもどってかくにんしよう。

しを読もう

せかいじゅうの海が

めあて
★しを音読して、そうぞうのせかいを大きく広げよう。

がくしゅうび
月　日
教科書
下84〜86ページ
答え
21ページ

1 しを読んで、答えましょう。

せかいじゅうの海が

マザーグースのうた
みずたに　まさる　やく

せかいじゅうの海が
一つの海になっちゃえば
どんなに大きな海だろな。

せかいじゅうの木が
一つの木になっちゃえば
どんなに大きな木だろな。

せかいじゅうのおのが
一つのおのになっちゃえば
どんなに大きなおのだろな。

(1) このしは、いくつのまとまりでできていますか。漢字で書きましょう。

（　　　　）つ

(2) このしは、どんなしですか。一つに○をつけましょう。

ア（　）けしきを見て書いたし。
イ（　）本当にあったできごとを書いたし。
ウ（　）そうぞうして書いたし。

(3) このしは、どのように音読するとよいですか。一つに○をつけましょう。

ア（　）がっかりした様子で、小さな声で読む。
イ（　）楽しそうな様子で、大きな声で読む。
ウ（　）おどろいた様子で、早口で読む。

せかいじゅうの人が
ひとりの人になっちゃえば
どんなに大きな人だろな。

大きな人が
大きなおので
大きな木を切り
大きな海へ
ばたんずしんとたおしたら
どんなに大きな音だろな。

(4) 「ばたんずしん」は、何がどうなった音ですか。

[　　　　]が、[　　　　]時の音。

(5) このしには、「大きな」という言葉が何回つかわれていますか。漢字で書きましょう。

（　　　）回

(6) このしのとくちょうとして正しいものを、つぎから一つえらんで、○をつけましょう。

ア（　）同じ言葉や、にた言葉を、なんどもくりかえしている。

イ（　）音や様子をあらわす言葉を、なんどもくりかえしている。

ウ（　）いろいろな国の海についてのせつめいをなんどもくりかえしている。

ぴったり1 じゅんび

3分でまとめ

六 場面（めん）や人物（ぶつ）の様子（よう）をそうぞうして、音読げきをしよう

かさこじぞう

いわさき きょうこ

言葉（ば）の文化（か）⑤ かるたであそぼう

おはじきのあそび方

◎めあて

★場面の様子から、登場人物がどんな人かそうぞうしよう。
★かるたを作って言葉に親しもう。
★あそび方をじゅんじょ立ててせつめいしよう。

がくしゅうび
月　日
教科書
下87～109ページ
答え
21ページ

かきトリ 新しい漢字（かん）

教科書89ページ	91ページ	92ページ	92ページ	92ページ	93ページ	97ページ
買 バイ かう 12かく	店 テン みせ 8かく	原 ゲン はら 10かく	来 ライ くる 7かく	風 フウ かぜ・かざ 9かく	雪 セツ ゆき 11かく	米 ベイ・マイ こめ 6かく

99ページ	99ページ	104ページ	104ページ	104ページ	104ページ	107ページ
歌 カ うた・うたう 14かく	止 シ とまる・とめる 4かく	池 チ いけ 6かく	里 リ さと 7かく	寺 ジ てら 6かく	麦 むぎ 7かく	京 キョウ 8かく

1 （　）に読みがなを書きましょう。

① 雪（　）にうもれる。
② あそびに来（　）る。
③ 本を買（　）う。
④ みんなで歌（　）う。

2 □に漢字を書きましょう。

① □（はら）っぱ
② □□（とうきょう）都（と）
③ □（かぜ）がふく。
④ □（いけ）の水。

かるたであそぼう

3 （　）に合う言葉を、[　]からえらんで、記号を書きましょう。

「かるた」は、絵のかかれた（　　）と、文字の書かれた（　　）の二つをつかうあそびです。「かるた」には、ある（　　）のことを書いたものもあります。

ア　ちいき　　イ　読みふだ　　ウ　絵ふだ

おはじきのあそび方

4 「おはじきのあそび方」をせつめいする時、「はじめ」「中」で話すことを[　]からえらんで、書きましょう。

① はじめ…（　　）　② 中…（　　）

③ おわり…おわりの言葉

ア　くわしいあそび方。

イ　自分のおばあちゃんのこと。

ウ　これからせつめいすることは何か。

かさこじぞう

3分でワンポイント

場面や人物の様子をたしかめよう。

★だれが何と言ったかを——線でつなぎましょう。

じいさま	「それはええことをしなすった。」
ばあさま	「じょいやさじょいやさ。」
じぞうさま	「おお、お気のどくにな。」

かさこじぞう

文章を読んで、答えましょう。

むかしむかし、あるところに、じいさまとばあさまがありましたと。

たいそうびんぼうで、その日その日をやっとくらしておりました。

ある年の大みそか、じいさまは、ためいきをついて言いました。

「ああ、そのへんまでお正月さんがござらっしゃるというに、もちこのよういもできんのう。」

「ほんにのう。」

「なんぞ、売るもんでもあれ

1 じいさまとばあさまは、どんなくらしをしていましたか。一つに○をつけましょう。

ア（　）お金があってとてもゆたかなくらし。

イ（　）なんとか生きていけるくらし。

ウ（　）いろいろな人にたすけてもらうくらし。

ヒント 「その日その日をやっとくらして」いたとあるよ。

2 じいさまとばあさまが話していたのは、いつですか。

ある年の［　　　　］。

3 「ためいきをついて言いました。」とありますが、なぜですか。

［　　　　　］が来るのに、

がくしゅうび　月　日
教科書 下87〜105ページ
答え 22ページ

ばえがのう。」

じいさまは、ざしきを見回したけど、なんにもありません。

「ほんに、なんにもありゃせんのう。」

ばあさまは、土間の方を見ました。すると、夏の間にかりとっておいたすげが、つんでありました。

「じいさま、じいさま、かさこさえて、町さ売りに行ったら、もちこ買えんかのう。」

「おお、おお、それがええ、そうしよう。」

そこで、じいさまとばあさまは土間におり、ざんざら、すげをそろえました。そして、せっせとすげがさをあみました。

かさが五つできると、じいさまはそれをしょって、

「帰りには、もちこ買ってくるで。にんじん、ごんぼもしょってくるでのう。」

と言うて、出かけました。

いわさき　きょうこ「かさこじぞう」より

［　　　］もよういできないから。

4 「そうしよう。」とありますが、じいさまは、何をしようと言ったのですか。

（　　　　　　　　　　）

ヒント　すぐ前の、ばあさまの言葉を読もう。

5 「せっせと」の正しいいみに○をつけましょう。

ア（　）ていねいに。

イ（　）いっしょうけんめいに。

ウ（　）あせって。

6 出かけて行く時、じいさまはどんな気持ちでしたか。一つに○をつけましょう。

ア（　）なんにも買えないかもしれないと、しんぱいしていた。

イ（　）食べものをいろいろ買えるかもしれないときたいしていた。

ウ（　）うまくかさができたので、安心していた。

六 場面や人物の様子をそうぞうして、音読げきをしよう

かさこじぞう

文章を読んで、答えましょう。


　じいさまは、とんぼりとんぼり町を出て、村のはずれの野っ原まで来ました。

　風が出てきて、ひどいふぶきになりました。

　ふと顔を上げると、道ばたに、じぞうさまが六人立っていました。

　おどうはなし、木のかげもなし、ふきっさらしの野っ原なもんで、じぞうさまは、かたがわだけ雪にうもれているのでした。

「おお、お気のどくにな。さぞつめたかろうのう。」

1 じいさまは、どこでじぞうさまを見ましたか。一つに○をつけましょう。

ア（　）じいさまの家のそば。

イ（　）大にぎわいの町の中。

ウ（　）町を出た、村はずれの野っ原。

2 「おお、お気のどくにな。」とありますが、だれが、なぜ気のどくなのですか。

だれが（　　　　）

なぜ（　　　　）

ヒント じいさまは、じぞうさまを見て言っているよ。

3 「このかさこをかぶってくだされ。」と言って、じいさまが、じぞうさまに、かさをかぶせてあげたのはなぜですか。合うもの一つに○をつけましょう。

がくしゅうび
月　日
教科書
下87〜105ページ
答え
22ページ

じいさまは、じぞうさまのおつむの雪をかきおとしました。

「こっちのじぞうさまは、ほおべたにしみをこさえて。それから、このじぞうさまはどうじゃ。はなからつららを下げてござらっしゃる。」

じいさまは、ぬれてつめたいじぞうさまの、かたやらせなやらをなでました。

「そうじゃ。このかさこをかぶってくだされ。」

じいさまは、売りもののかさをじぞうさまにかぶせると、風でとばぬよう、しっかりあごのところでむすんであげました。

ところが、じぞうさまの数は六人、かさこは五つ。どうしても足りません。

「おらのでわりいが、こらえてくだされ。」

じいさまは、自分のつぎはぎの手ぬぐいをとると、いちばんしまいのじぞうさまにかぶせました。

「これでええ、これでええ。」

そこで、やっと安(あん)心して、うちに帰りました。

いわさき　きょうこ「かさこじぞう」より

ア（　）かさがたくさんのこっていて、おもたかったから。

イ（　）かさをかぶせたら、じぞうさまが雪にうもれないと思ったから。

ウ（　）かさをもって帰ると、ばあさまががっかりすると思ったから。

ヒント　じいさまはじぞうさまの頭の雪をおとしてあげたね。

4　じぞうさまにかぶせるかさが足りなくなって、じいさまはどうしましたか。

［　　　　　　］の

じぞうさまに、

［　　］のつぎはぎの

［　　　　］をかぶせた。

ヒント　じいさまは「おらのでわりいが」と言っているよ。

ぴったり1 じゅんび

3分でまとめ

言葉(ば)の広場⑤ 主語(しゅ)とじゅつ語
漢字(かん)の広場⑤ 同じ読み方の漢字

かきトリ 新しい漢字(かん)

教科書111ページ	111ページ
番 バン 12かく	雲 ウン くも 12かく

1 □に読みがなを書きましょう。

① 雲海（　　）

② 話す 番（　　）が来る。

③ 大きな 雲（　　）。

2 □に漢字を書きましょう。

① そうじ □□（とうばん）

② いわし □（ぐも）

③ 風 □（うん）

④ テレビ □□（ばんぐみ）

同じ漢字でも読み方がちがうから気をつけよう。

めあて
★文の中の主語とじゅつ語をとらえよう。
★同じ読み方の漢字のちがいを考えよう。

がくしゅうび
月　日
教科書
下110〜113ページ
答え
23ページ

主語とじゅつ語

3 主語に――線、じゅつ語に〜〜線を引きましょう。

① きれいな　花が　さく。

② かつみさんは　とても　やさしい。

③ わたしも　いっしょに　行きたい。

主語とじゅつ語

4 つぎの①〜③の文の形にあてはまる文を□からえらんで、記号（ごう）を書きましょう。

① 何が ― どうする。（　　）

② 何が ― どんなだ。（　　）

③ 何が ― なんだ。（　　）

ア 雨が　強い。
イ 風が　ふく。
ウ あれが　ふじ山だ。

同じ読み方の漢字

5 □に□の読み方の漢字を書きましょう。（同じ漢字は、二回つかえません。）

かい

① 音楽□
② □転（てん）
③ □がら
④ □水

しん

⑤ □ぱい
⑥ □林
⑦ □切

それぞれの言葉の
いみを考えて、
どんな漢字を
つかえばよいか
考えよう。

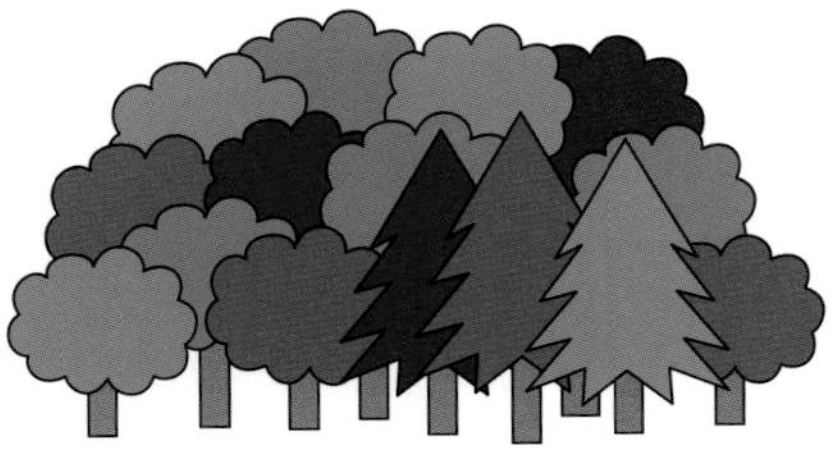

六 場面や人物の様子をそうぞうして、音読げきをしよう

かさこじぞう ～漢字の広場⑤ 同じ読み方の漢字

時間 20分

／100

ごうかく 80点

がくしゅうび 月 日

教科書 下87～113ページ

答え 23ページ

文章を読んで、答えましょう。　思考・判断・表現

　すると真夜中ごろ、雪の中を、

　じょいやさ　じょいやさ

と、そりを引くかけ声がしてきました。

「ばあさま、今ごろだれじゃろ。長者どんのわかいしゅが、正月買いもんをしのこして、今ごろ引いてきたんじゃろうか。」

　ところが、そりを引くかけ声は、長者どんのやしきの方には行かず、こっちに近づいてきました。耳をすまして聞いてみると、

　六人のじぞうさ

　かさことってかぶせた

　じさまのうちはどこだ

　ばさまのうちはどこだ

と歌っているのでした。

1 「そりを引くかけ声」を聞いて、じいさまはだれの声かと思いましたか。一つに○をつけましょう。　10点

ア（　）長者どん

イ（　）長者どんのわかいしゅ

ウ（　）じぞうさん

2 「こっち」とありますが、どこですか。　10点

（　　　　　　　　）

できたらスゴイ！

3 じいさまとばあさまが聞いた歌は、どのように聞こえましたか。一つに○をつけましょう。　20点

ア（　）大きな声で歌っているのがよく聞こえた。

イ（　）小さな声で歌っているのが聞こえた。

ウ（　）さいしょは大きな声で歌っていたが、だんだん小さな声になっていくのが聞こえた。

そして、じいさまのうちの前で止まると、何やらおもいものを、

ずっさん　ずっさん

と下ろしていきました。

じいさまとばあさまがおきていって、雨戸をくると、かさこをかぶったじぞうさまと、手ぬぐいをかぶったじぞうさまが、

じょいやさ　じょいやさ

と、空ぞりを引いて、帰っていくところでした。

のき下には、米のもち、あわのもちのたわらが、おいてありました。

そのほかにも、みそだる、にんじん、ごんぼやだいこんのかます、おかざりのまつなどがありました。

じいさまとばあさまは、よいお正月をむかえることができましたと。

いわさき　きょうこ「かさこじぞう」より

よく出る

4 「じょいやさ　じょいやさ」は、だれとだれが、何をする声でしたか。書きぬきましょう。　一つ10点(30点)

だれとだれが（　　　）と（　　　）。

何をする（　　　）声。

考えを書こう

5 もちのたわらや食べものは、どこにありましたか。　10点

6 じぞうさまたちが、じいさまとばあさまに、もちのたわらや、食べものをあげたのはなぜだと思いますか。　20点

ふりかえり　4が分からないときは、81ページの 3分でワンポイント にもどってかくにんしよう。

六 場面や人物の様子をそうぞうして、音読げきをしよう

かさこじぞう

〜 漢字の広場⑤ 同じ読み方の漢字

時間 20分

／100

ごうかく 80点

がくしゅうび　月　日

教科書 下87〜113ページ

答え 24ページ

1 （　）に読みがなを書きましょう。　一つ3点(24点)

① 東京（　）に 行く。

② 米作（　）

③ 売買（　）

④ 寺社（　）をめぐる。

⑤ 新しい 店（　）。

⑥ 新雪（　）の上を歩く。

⑦ 小麦（　）こ

⑧ 校歌（　）をうたう。

2 □に漢字を書きましょう。　一つ3点(24点)

① □□(らいげつ)

② 広い □□(そうげん)。

③ □(かざ)むき

④ □(こめ)を作る。

⑤ □(さと)いも

⑥ □□(いちばん)になる。

⑦ □□(でんち)

⑧ いきを □(と)める。

3

□の中に、□の読み方をする漢字をあてはめて、言葉を作りましょう。　一つ4点(12点)

せん

① □生

② 直(ちょく)□

③ □円

4

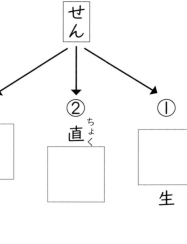

つぎの文の形を、[　]からえらんで、記号(ごう)を書きましょう。　一つ5点(15点)

① かばんが　おもたい。（　　）

② お母さんが　わらう。（　　）

③ たけださんは　けいさつかんだ。（　　）

ア　だれが　どうする
イ　何が　どんなだ
ウ　だれは　なんだ
エ　だれも　どんなだ

5

つぎの（　）に合う言葉を、[　]からえらんで、記号を書きましょう。　一つ5点(15点)

これから、こまのあそび方をせつめいします。
（①　）、ひもをこまにまきつけます。
（②　）、ひもをゆびではさみ、こまをしっかりもちます。
（③　）、こまをじめんになげます。

ア　そして　イ　まず　ウ　つぎに

6

思考・判断・表現

あなたなら、何についてのかるたを作りますか。理由(ゆう)も書きましょう。　完答(かん)10点

何について（　　　　）

理由（　　　　）

ふりかえり　4が分からないときは、87ページの4にもどってかくにんしよう。

ぴったり1 じゅんび

七 思い出をくわしく書いて、読みかえそう
こんなことができるようになったよ
言葉の広場⑥ 音や様子をあらわす言葉
漢字の広場⑥ 組み合わせてできている漢字

めあて
★思い出をくわしく書こう。
★文章を見直してまちがいを正そう。
★音や様子をあらわす言葉をつかおう。
★漢字を部分に分けて考えよう。

がくしゅうび 月 日
教科書 下114～123ページ
答え 24ページ

かきトリ 新しい漢字

教科書115ページ	116ページ	119ページ
走 ソウ はしる 7かく	直 チョク・ジキ ただちに なおす・なおる 8かく	用 ヨウ もちいる 5かく

120ページ	122ページ	122ページ
鳴 メイ なく・なる ならす 14かく	明 メイ・ミョウ あかり・あかるい・あかるむ あからむ・あきらか・あける あくる・あかす 8かく	刀 トウ かたな 2かく

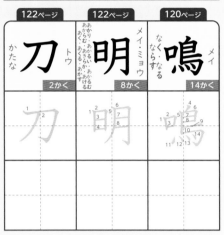

1 （ ）に読みがなを書きましょう。

① 直線（ ）を引く。
② 車が走（ ）る。
③ かねが●鳴（ ）る。
④ 夜が●明（ ）ける。

●読み方が新しい字

2 □に漢字を書きましょう。

① 書き［なお］す。
② 百メートル［そう］
③ ［せつ］［めい］する。
④ 鳥の［な］き声。
⑤ 長い［かたな］。
⑥ ［しょう］［じき］な人。
⑦ ［よう］がある。

こんなことができるようになったよ

3 言葉と正しいいみを、――線でつなぎましょう。

① きんちょう	・　・	ひじょうにみじかい時間。
② しゅんかん	・　・	ものごとがいきおいよくすすむ様子。
③ ぐんぐん	・　・	心が引きしまる。

こんなことができるようになったよ

4 文章を見直す時に気をつけることについて、（　）に合う言葉を、□からえらんで、記号(ごう)を書きましょう。

① 字の（　）やぬけているところはないか。

② 「は」「を」「へ」や、（　）、点（、）、丸（。）、かぎ（「　」）は正しく書けているか。

③ （　）は、行をかえて書いているか。

④ （　）が、そろっているか。

ア まちがい　イ 文のおわりの言い方
ウ 話した言葉　エ 小さく書く字

音や様子をあらわす言葉

5 つぎの言葉は、何をするときの音や様子をあらわす言葉ですか。□からえらんで、記号を書きましょう。

① ぺらぺら・ぼそぼそ・ぺちゃくちゃ（　）

② すやすや・ぐうぐう・うとうと（　）

③ ドンドン・トントン・コツコツ（　）

ア ねむる　イ たたく　ウ 話す

組み合わせてできている漢字

6 つぎの漢字を二つに分けましょう。

① 晴 □□

② 岩 □□

③ 国 □□

漢字は、左と右、上と下、外と内に分けられるよ。

七 思い出をくわしく書いて、読みかえそう

こんなことができるようになったよ
～漢字（かん）の広場⑥ 組み合わせてできている漢字

時間 20分

／100

ごうかく 80点

がくしゅうび　月　日

教科書 下114～123ページ

答え 25ページ

文章（しょう）を読んで、答えましょう。　思考・判断・表現

①わたしわ、生活科の時間に、たこをあげることができるようになりました。

わたしが②作たたこは、青くて、四角い形です。そこには、かっている犬のラッキーの絵をかきました。家に帰ってからお姉ちゃんに見せたら、
「ラッキーの絵がかわいいね。高くあげられるといいね。」
と言われたので、あげるのが楽しみになった。

たこあげ本番の日。わたしは、③ちゃんとあがるかどきどきしていました。風がふいたしゅんかんに走ったけれど、すぐにじ

よく出る

1 「わたし」はなぜ、たこあげが楽しみになったのですか。一つに○をつけましょう。　10点

ア（　）とても上手にたこが作れたから。

イ（　）お姉ちゃんが、いっしょにたこあげをしてくれると言ったから。

ウ（　）お姉ちゃんに絵をほめられ、高くあげられるといいねと言われたから。

できたらスゴイ！

2 ～～線①～③は、書き方にまちがいがあります。それぞれ正しく書き直しましょう。　一つ10点（30点）

①（　　　　）

②（　　　　）

③（　　　　）

3 「あげるのが楽しみになった。」とありますが、この部分（ぶ）を、文のおわりの言い方がほかと同じ形になるように、書き直しましょう。　10点

めんについてしまいました。「どうしてかな。」と言ったら、近くにいたかわいさんが、

「風とぎゃくに走るといいよ」

と教えてくれました。言われたとおりにしてみたら、今度はうまくあげられました。そして、こうしゃよりも高くあがりました。

　たこがぐんぐんあがっていくのが、とてもおもしろかったです。また、いろいろなたこを作って、もっともっと高くあげたいです。

かみや　ひとみ「がんばったたこあげ」（「こんなことができるようになったよ」より）

考えを書こう

4 上の文章で、正しく行をかえていないところが二かしょあります。行をかえるところのはじめの五字（記号もふくむ）を、それぞれ書きぬきましょう。　一つ10点（20点）

一つめ

二つめ

5 上の文章で、丸（。）がぬけているところがあります。その部分を、丸をおぎなって書き直しましょう。　10点

6 あなたは二年生になってどんなことができるようになりましたか。　20点

七 思い出をくわしく書いて、読みかえそう

こんなことができるようになったよ
～漢字の広場⑥ 組み合わせてできている漢字

時間 20分
／100
ごうかく 80点

がくしゅうび 月 日
教科書 下114～123ページ
答え 25ページ

1 （　）に読みがなを書きましょう。　一つ3点（24点）

① 正直（　）に話す。
② むかしの 刀（　）。
③ ときょう 走（　）
④ きげんが 直（　）る。
⑤ 明朝（　）
⑥ ベルを 鳴（　）らす。
⑦ げんこう 用紙（　）
⑧ 明（　）るい空。

2 □に漢字を、〔　〕に漢字とひらがなを書きましょう。　一つ3点（21点）

① □□（ぼくとう）をふる。
② □□（にっちょく）
③ 悲（ひ）□（めい）をあげる。
④ 道具（ぐ）を□（も）ちいる。
⑤ 〔　　〕（あかり）がつく。
⑥ 空が〔　　〕（あからむ）。
⑦ 〔　　〕（ただちに）行く。

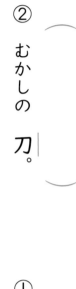

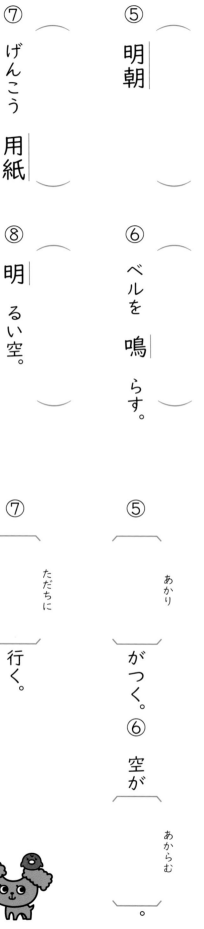

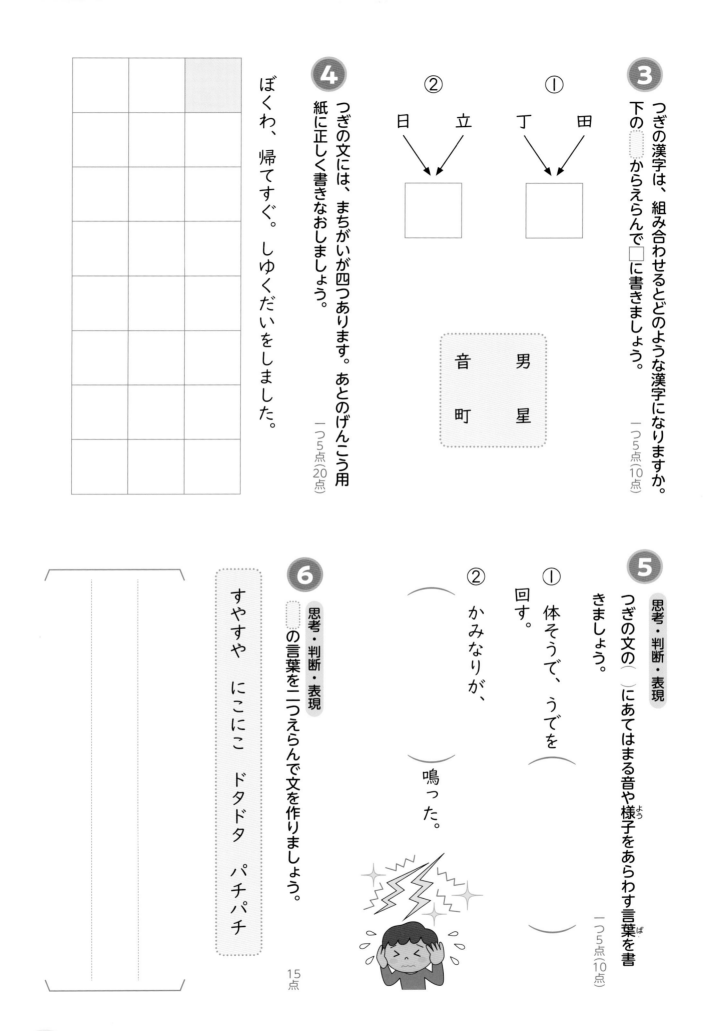

3 つぎの漢字は、組み合わせるとどのような漢字になりますか。下の[　]からえらんで□に書きましょう。 一つ5点(10点)

① 田　丁 → □

② 立　日 → □

男	星
音	町

4 つぎの文には、まちがいが四つあります。あとのげんこう用紙に正しく書きなおしましょう。 一つ5点(20点)

ぼくわ、帰てすぐ。しゆくだいをしました。

5 思考・判断・表現

つぎの文の（　）にあてはまる音や様子をあらわす言葉を書きましょう。 一つ5点(10点)

① 体そうで、うでを（　　　　）回す。

② かみなりが、（　　　　）鳴った。

6 思考・判断・表現

[　]の言葉を二つえらんで文を作りましょう。 15点

すやすや　にこにこ　ドタドタ　パチパチ

ふりかえり **4**が分からないときは、93ページの**4**にもどってかくにんしよう。

八 何が、どのようにかわったかに気をつけて読み、お話をしようかいしよう

アレクサンダとぜんまいねずみ

レオ＝レオニ 文・絵
たにかわ しゅんたろう やく

めあて
★お話のあらすじをつかもう。
★できごとによって何がかわったかを考えよう。

がくしゅうび
月　日
教科書
下125～143ページ
答え
26ページ

かきトリ 新しい漢字（かん）

教科書132ページ	142ページ
午（ゴ）4かく	黒（コク・くろ・くろい）11かく

1 □に読みがなを書きましょう。

① 午後（　　）は雨がふる。
② 黒（　　）ばん
③ 黒（　　）い紙。

2 □に漢字を書きましょう。

① □□（ごぜん）中
② □（くろ）まめを食べる。

3 正しいいみに○をつけましょう。

① まわりの大人にちやほやされる。
ア（　）親しくつき合う。
イ（　）きげんをとってあまやかす。

② 相手（あい）のすきをみてゴールをきめる。
ア（　）相手がゆだんするのをまって。
イ（　）相手とのきょりをあけて。

③ 友だちのことをうらやむ。
ア（　）見てまねをする。
イ（　）自分もそうなりたいと思う。

4 お話のあらすじをまとめるとき、どんなことに気をつけるとよいですか。［　］からえらんで書きましょう。

①お話をはじめ・中・おわりに分けて、（　　　）まとめる。

②登場人物と（　　　）を中心に書く。

③だれが、いつ、どこで、（　　　）をしたかを書く。

④はじめとおわりで（　　　）を書く。

> かわったこと　どのようなこと　おもなできごと　ながく　みじかく

3分でワンポイント

登場人物とできごとをたしかめよう。

★できごとのじゅんばんに、1〜4の番号を書きましょう。

［　］ウィリーがはこにすてられる。

［　］アレクサンダはウィリーをうらやむ。

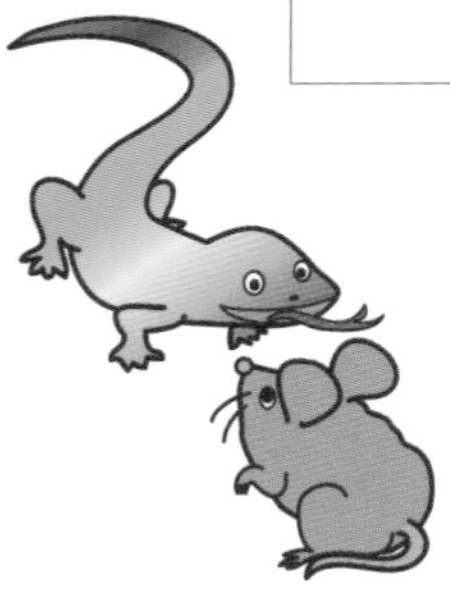

［　］アレクサンダがねがいごとをかえる。

［　］アレクサンダのねがいごとがかなう。

八 何が、どのようにかわったかに気をつけて読み、お話をしょうかいしよう

アレクサンダとぜんまいねずみ

文章を読んで、答えましょう。

アレクサンダも、ウイリーが大すきになった。かれは、すきをみてはウイリーをたずね、ほうきや、空とぶおさらや、ねずみとりとのぼうけんを話して聞かせた。

ウイリーは、ペンギンやぬいぐるみのくま、そして、おもにアニーの話をした。二ひきの友だちは、何時間も楽しい時をすごした。

けれど、かくれ家のくらやみの中でひとりぼっちの時、アレクサンダはウイリーをうらやんだ。

「ああ！」

と、かれはためいきをついた。

「ぼくも、ウイリーみたいなぜんまいねずみになって、みんなにちやほやかわいがられてみたいなあ。」

ある日、ウイリーはふしぎな話をした。

「なんでも、」

1 アレクサンダは、何になってどんなことをされたいと思っていますか。

（　　　　）になって、みんなに（　　　　）みたい。

2 ウイリーは「ふしぎな話」をどのようにしましたか。一つに○をつけましょう。

ア（　）楽しそうに。
イ（　）こっそりと。
ウ（　）じまんするように。

ヒント 「ひみつめかしてささやいた」とあるよ。

3 「まほうのとかげ」はどんなことができるのですか。

かれは、ひみつめかしてささやいた。

「にわの小石の小道のはじの、きいちごのしげみの近くに、生きものをほかの生きものにかえることのできる、まほうのとかげがすんでるそうだよ。」

「つまり、」

アレクサンダは言った。

「ぼくを、きみみたいなぜんまいねずみにかえられるっていうの？」


その日の午後、アレクサンダは、さっそくにわへ行き、小道のはじまで走っていった。

「とかげよ、とかげ、」

かれはささやいた。すると、とつぜん目の前に、花々とちょうちょうの色をした、大きなとかげがあらわれた。

「ぼくを、ぜんまいねずみにかえられるって、ほんと？」

アレクサンダは、ふるえ声できいた。

「月がまん丸の時、」

とかげは言った。

「むらさきの小石をもっておいで。」

レオ＝レオ二　文・絵／たにかわ しゅんたろう やく「アレクサンダとぜんまいねずみ」より

生きものを（　　　）に（　　　）ことができる。

4 とかげはアレクサンダに、いつ、何をもってくるように言いましたか。

いつ（　　　）

何を（　　　）

ヒント「いつ」と聞かれたら、時をあらわす言葉を答えよう。

5 アレクサンダが「ふるえ声」になったのはなぜですか。一つに○をつけましょう。

ア（　）とかげがこわかったから。

イ（　）ひみつを知ってきんちょうしたから。

ウ（　）ねがいがかなうときたいしたから。

ヒント すぐ前のアレクサンダの言葉をよく読もう。

八 何が、どのようにかわったかに気をつけて読み、お話をしょうかいしよう

アレクサンダとぜんまいねずみ

時間 20分

／100

ごうかく 80点

がくしゅうび　月　日

教科書 下125～143ページ

答え 27ページ

文章を読んで、答えましょう。　思考・判断・表現

するとその時、何かが、とつぜん目に入った。ゆめじゃないかな……？　いや、本当だ！　むらさきの小石だ。

　むねをどきどきさせて、大事な小石をしっかりうでにだき、かれは、にわへと走り出た。まんげつだった。いきをきらして、アレクサンダは、きいちごのしげみのそばで立ち止まった。

「しげみの中のとかげよ、とかげ。」

大いそぎで、かれはよんだ。

1 「いや、本当だ！」とありますが、どんなことが本当なのですか。□にあてはまる言葉を書きましょう。　10点

□□□□□□□

が、アレクサンダの目の前にあること。

2 アレクサンダはなぜ、「むねをどきどき」させたのですか。一つに○をつけましょう。　10点

ア（　）いきがきれるほど走ったから。

イ（　）ずっとさがしていた小石が見つかったから。

ウ（　）まんげつがきれいだったから。

3 「にわへと走り出た。」とありますが、アレクサンダはだれに会いに行くのですか。　10点

（　　　　）

はっぱがさがさ鳴って、とかげがあらわれた。

「月はみちた。小石は見つかった。」

とかげは言った。

「おまえは、だれに、それとも、何になりたいの？」

「ぼくは……」

アレクサンダは、言いかけてやめた。そして、とつぜん言った。

「とかげよ、とかげ。ウイリーを、ぼくみたいなねずみにかえてくれる？」

とかげは、まばたきした。目もくらむような光。そして、すべてがしいんとしずまりかえった。むらさきの小石はきえていた。

アレクサンダは、走れるかぎりのはやさで、うちへかけもどった。はこはあったけど、ああ、もうからっぽだった。

「おそかった。」

かれは思った。おもい心で、かれは、かべの下のあなへもどりかけた。

レオ＝レオニ　文・絵／たにかわ しゅんたろう やく「アレクサンダとぜんまいねずみ」より

できたらスゴイ！

4 「アレクサンダは、言いかけてやめた。」とありますが、それはなぜですか。 20点

（　　　　）

よく出る

5 アレクサンダは、どんなことをねがいましたか。 20点

（　　　　）

6 アレクサンダの『おそかった。』というのはどういういみですか。一つに○をつけましょう。 10点

ア（　）ウイリーはねずみになってしまったと思った。

イ（　）ウイリーはもうすてられてしまったと思った。

ウ（　）はやく走ったつもりがはやくなかったと思った。

考えを書こう

7 アレクサンダは、なぜ、5のようなねがいごとをしたと思いますか。考えたことを書きましょう。 20点

（　　　　）

ふりかえり 5が分からないときは、99ページの 3分でワンポイント にもどってかくにんしよう。

ひろがることば　これまで　これから

1

――線の言葉はどのような時につかいますか。[　]から えらんで、記号を書きましょう。　一つ15点(60点)

① やがて、二人はけっこんしました。（　）

② どうして、きのうは学校を休んだのですか。（　）

③ はるたさんよりまついさんのほうが、せが高い。（　）

④ みんなで、大なわとびをしましょう。（　）

ア　時間のながれをあらわす言葉。
イ　くらべて言う時につかう言葉。
ウ　よびかける時につかう言葉。
エ　理由を聞く時につかう言葉。

2

言葉のなかま分けをします。（　）に合う言葉を[　]から えらんで書きましょう。　一つ10点(20点)

（　）
↓
・ねこ
・犬
・うさぎ
↓
・しば犬
・プードル
・（　）

（　）

チワワ　ねずみ　どうぶつ　茶色

3

あなたがこの一年間の国語の学習で学んだことで、心にのこっていることを書きましょう。　20点

時間 20分
／100
ごうかく 80点
がくしゅうび　月　日
教科書　下144ページ
答え　27ページ

夏のチャレンジテスト

教科書 上7～93ページ

名前

月　日

時間 40分

思考・判断・表現 ／50

ごうかく80点 ／100

答え28ページ

1 （　）に　よみがなを　書きましょう。　一つ2点（6点）

① 図書（　）館の　人に　話（　）を　聞く。

② とおくに　海（　）が　見える。

2 □に　漢字を　書きましょう。　一つ2点（8点）

① ケーキを　□（き）り□（わ）ける。

□（あさ）

□（まい）

□（よ）

5 つぎの　かたかなの　言葉に　あてはまる　ものを　あとから　えらんで、記号で　答えましょう。　一つ2点（8点）

① ヒヒーン（　）

② ポップコーン（　）

③ ビュービュー（　）

④ イギリス（　）

ア　外国から　入って　きた　言葉
イ　外国の、地名や　人の　名前
ウ　どうぶつの　なき声
エ　いろいろな　音

6 つぎの　言葉の　あつまりは、どんな

（切り取り線）

② 毎　　、本を 一さつ　　む。

3 つぎの もんだいに 答えましょう。

① つぎの 漢字の 画数を 書きましょう。　一つ2点(4点)

何

② 右の 漢字の 一画めを ぬりましょう。

4 ――線の 言葉(ば)を 声に 出して よむ 時、高く よむ 方の ひらがなを 書きましょう。　一つ3点(6点)

① 王様(さま)の すむ しろ。

② きのう、あめが ふった。

(切り取り線)

6 なかまですか。あとから えらんで 書きましょう。　一つ2点(8点)

① 赤・青・白

② はれ・くもり・雨

③ 一円・百円・一万円

④ なす・きゅうり・かぶ

時間	天気	さかな
お金	色	やさい

7 本を なくして こまって いる 時、あなたなら どんな 言葉を 言って もらうと、うれしいですか。考えて 書きましょう。　10点

うらにも もんだいが あります。

春のチャレンジテスト

教科書 下84～157ページ

名前

月　日

時間 40分

思考・判断・表現 ／50

ごうかく80点 ／100

答え30ページ

1

（　）に読みがなを書きましょう。　一つ2点(6点)

① 交番（　）の前で車が止（　）まる。

② 答えが明（　）らかになる。

2

□に漢字を書きましょう。　一つ2点(6点)

① □(きょう)都(と)へ行く。

② 鳥が□(な)く。

③ □(うた)がひびきわたる。

5

つぎの文の形はあとのどれにあてはまりますか。記号(ごう)で答えましょう。　一つ3点(12点)

①（　）風がつめたい。

②（　）雨がふる。

③（　）妹は一年生だ。

④（　）友だちも来た。

ア　だれが　どうする

イ　何が　どうする

ウ　だれが　どんなだ

エ　何が　どんなだ

オ　だれは　なんだ

カ　だれも　どうした

6

つぎは、アの家の図のかき方をせつめいした文章(しょう)です。これについて、あとのもんだいに答えましょ

3 つぎの部分を組み合わせると、どのような漢字になりますか。□に書きましょう。 一つ2点(8点)

① 日＋寺 □

② 王＋里 □

③ 口＋夕 □

④ 耳＋門 □

4 つぎの（　）にあてはまる言葉を、□からえらんで書きましょう。 一つ4点(8点)

① けむりが（　　　）出る。

② 雨が（　　　）ふる。

ぎらぎら　もくもく　ザーザー　バリバリ

う。

一つ5点(10点)

ア

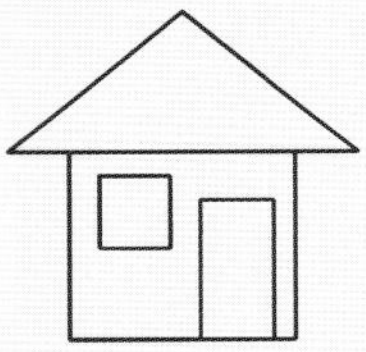

イ

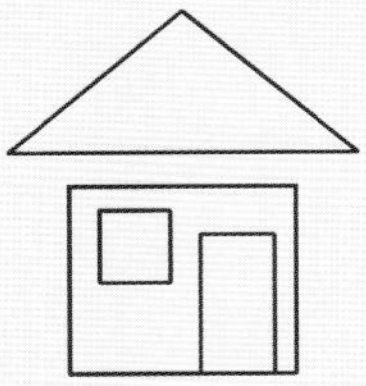

家の図のかき方をせつめいする。

はじめに、やねをかきます。うわむきの三角です。

つぎに、やねの下の部分の四角を、□かきます。

さいごに、まどの四角を左の上の方に、ドアの長い四角を右にかきます。

① 「せつめいする」の文のおわりの言い方を、ほかの文と同じにするには、どう書けばよいですか。

（　　　）

② イの図のようになってしまわないように、□にせつめいする言葉を書きましょう。

（　　　）

うらにももんだいがあります。

① 車が〔　　〕。（とまる）

② 〔　　〕山。（とおい）

③ 前を〔　　〕。（とおる）

④ 〔　　〕光。（よわい）

4 つぎの文の□にあてはまる言葉を、あとからえらんで、記号を書きましょう。 一つ5点（10点）

① うちわで□あおぐ。（　　）

② クッキーを□こぼす。（　　）

ア　ぷんぷん	イ　ぽろぽろ
ウ　パタパタ	エ　ピタピタ

毎日、くわがたのかんさつができるので、とても楽しみです。

① あきらさんは、くわがたのかい方を、どうやってしらべましたか。 5点

（　　）しらべた。

② メモを読んで、ア・イに入る言葉を書きましょう。 一つ5点（10点）

ア（　　）

イ（　　）

③ あきらさんの気持ちを書いている文を書きぬきましょう。 5点

（　　）

うらにももんだいがあります。

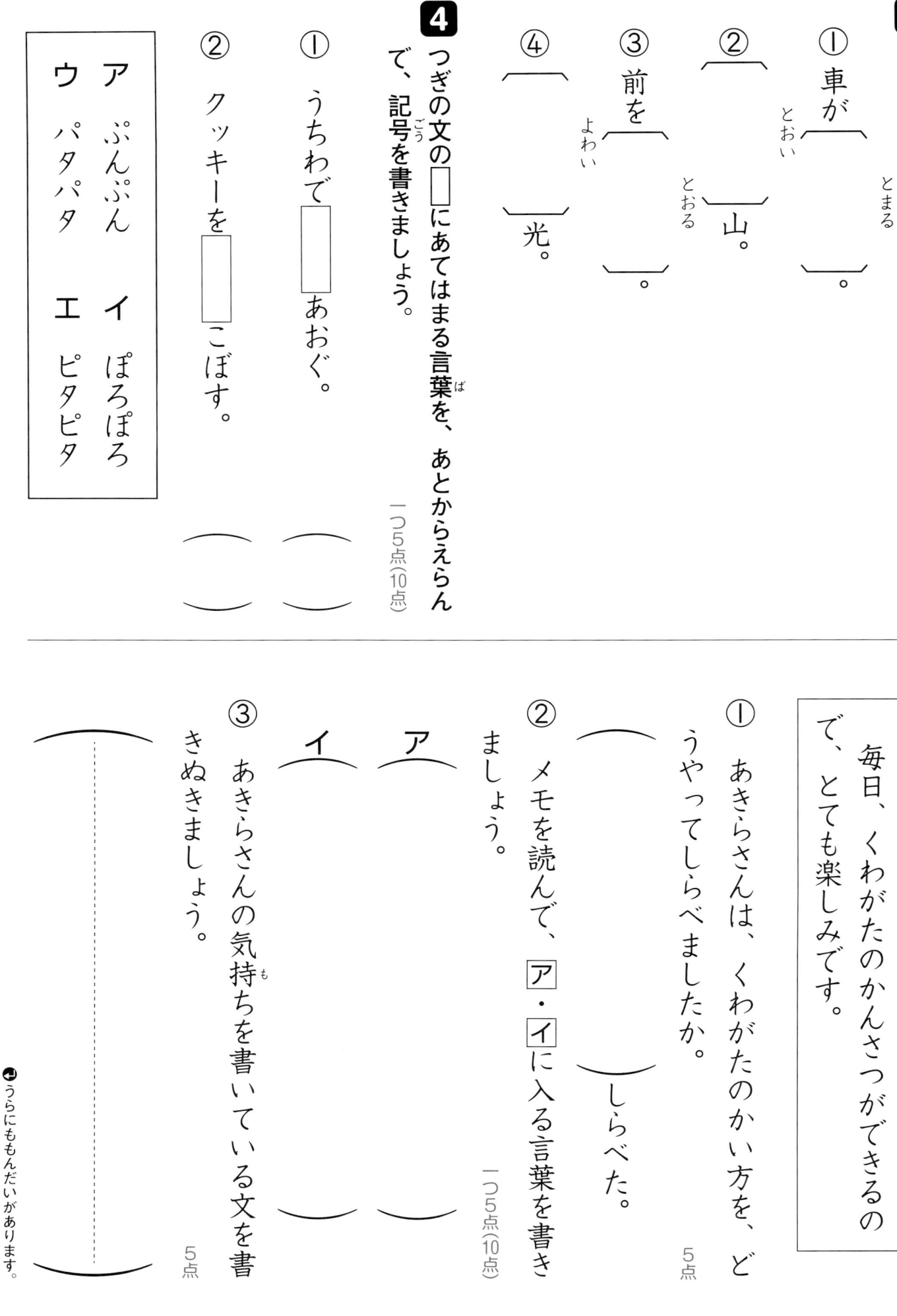

2年 国語のまとめ

学力しんだんテスト

名前

月　日

時間 40分

ごうかく70点　／100

答え 31ページ

1 （　）に読みがなを書きましょう。　一つ1点（4点）

① 午前（　）九時に出発（ぱっ）する　計画（　）だ。

② 親鳥（　）が　先頭（　）を歩く。

2 □に漢字（かん）を書きましょう。　一つ2点（8点）

① □（ほし）を見るために□□（でんき）をけす。

② お□（てら）につづく□（みち）。

3 漢字とひらがなを書きましょう。　一つ…点（…点）

5 つぎは、くわがたのかい方についての、あきらさんのメモと作文です。読んで、もんだいに答えましょう。　20点

くわがたのかい方メモ
・かんさつケースの中に、土ととまる木を入れる。
・えさはりんごやさとう水。

八月十日の朝、ぼくは、お父さんと家の近くの林に行きました。一本の木に、くわがたがいました。そっと手でつかんで、つかまえました。

家に帰って、図かんでくわがたのかい方をしらべました。かうときは、かんさつケースに［ア］。えさは、［イ］です。さっそく用意（い）して、かんさつケースの…

教科書ぴったりトレーニング

丸つけラクラクかいとう

この「丸つけラクラクかいとう」は
とりはずしてお使いください。

教育出版版
国語２年

「丸つけラクラクかいとう」では問題と同じ紙面に、赤字で答えを書いています。

おうちのかたへ　では、次のようなものを示しています。

- 学習のねらいやポイント
- 他の学年や他の単元の学習内容とのつながり
- まちがいやすいことやつまずきやすいところ

お子様への説明や、学習内容の把握などにご活用ください。

見やすい答え

おうちのかたへ

くわしいてびき

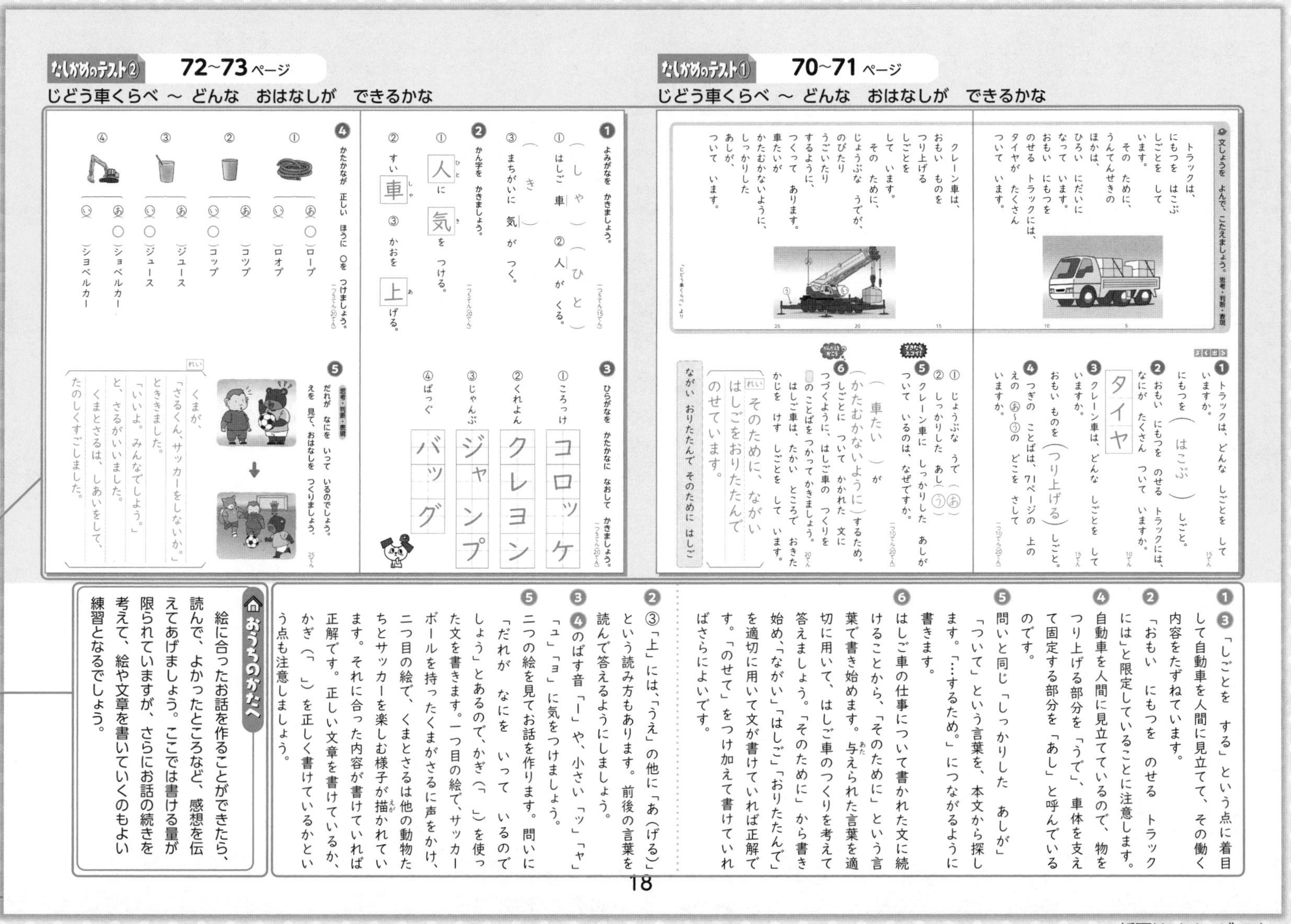

※紙面はイメージです。

じゅんび 2~3ページ

すごろくトーク／つづけて　みよう　——日記

かきトリ 新しい漢字

書（ショ・か く）　記（キ・しる す）　活（カツ）　曜（ヨウ）　朝（チョウ・あさ）　友（ユウ・とも）

1 □に　読みがなを　書きましょう。

① 朝ごはん（あさ）　② 日記を　かく。（にっき）　③ 金曜日（きんようび）　④ 友人（ゆうじん）

2 □に　漢字を　書きましょう。

① 字を　書く。　② 友と　なる。　③ 早朝　④ 活やく　する。　⑤ 書名　⑥ 名を　記す。　⑦ 日曜日

3 正しい　いみに　○を　つけましょう。（つづけて　みよう　——日記）

① おかしが　ぽろっと　こぼれる。
ア（　）ものの　いきおいが　ある　ようす。

イ（◯）一ぶぶんが　かけて　おちる　ようす。

② 学校に　おくれそうで　あわてる。
ア（◯）いつもの　おちつきを　なくす。

イ（　）気持ちが　おちこむ。

③ はなしの　たねを　さがす。
ア（　）はなしや　さくひんの　よい　ところ。

イ（◯）はなしや　さくひんの　ざいりょう。

④ 本に　むちゅうに　なる。
ア（◯）ある　ことに　こころを　うばわれる　こと。

イ（　）一つの　ところに　あつめる　こと。

4 日記を　書く　ときは　どのように　書けば　よいですか。二つに　○を　つけましょう。（つづけて　みよう　——日記）

ア（◯）日にち、天気、曜日を　書く。

イ（◯）おもった　ことを　書く。

ウ（　）できごとだけを　書く。

エ（　）かいわは　書かない。

5 どんな　こえの　大きさで　はなしますか。こえの　小さい　じゅんに　1〜4を　書きましょう。（すごろくトーク）

じゅんび 4~5ページ

ちいさい　おおきい

1 しを　よんで、こたえましょう。

ちいさい　おおきい　　こうやま　よしこ

ちいさい　おおきい
ちいさい　おおきい
おおきくって　おおきくって　おおきくって
ちいさい
ぞうさんの　なみだ

ちいさい　おおきい
ちいさい　おおきい
おおきくって　おおきくって　おおきくって
ちいさい
かばさんの　むしば

ちいさい　おおきい
ちいさい　おおきい
ちいさくって　ちいさくって　ちいさくって
おおきい
かえるの　おなか

ちいさい　おおきい
ちいさい　おおきい
ちいさくって　ちいさくって　ちいさくって
おおきい
ありさんの　にもつ

ちいさい　おおきい
ちいさい　おおきい
ちいさくって　ちいさくって　ちいさくって
ちいさい
めだかの　あくび

ちいさい　おおきい
ちいさい　おおきい
おおきくって　おおきくって　おおきくって
おおきい
くじらの　くしゃみ

(1) この　しは、いくつの　まとまりで　できて　いますか。漢字で　書きましょう。
（六）つ

(2) 「おおきくって　おおきくって　おおきくって」は、どのように　よむと　よいですか。一つに　○を　つけましょう。
ア（◯）だんだん　こえを　大きく　して、ゆっくり　よむ。

イ（　）だんだん　こえを　小さく　して、はやく　よむ。

ウ（　）ずっと　おなじ　こえの　大きさで、はやく　よんだり、おそく　よんだり　する。

(3) この　しに　でて　くる、大きい　生きものを、三つ　書きぬきましょう。
（ぞう（さん））（かば（さん））（くじら）
※順番はちがっていてもよい。

(4) この　しで、からだは　小さいけれど　大きな　おなかを　もつ　生きものは、なんですか。
（かえる）

(5) 「ありさんの　にもつ」は、どのくらいの　大きさですか。一つに　○を　つけましょう。
ア（　）ありさんの　からだより　小さい。

イ（◯）ありさんの　からだより　大きい。

ウ（　）ありさんの　からだと　おなじくらい。

(6) 「めだかの　あくび」と　「くじらの　くしゃみ」は、どちらが　大きいですか。
（くじらの　くしゃみ）

(7) この　しの　とくちょうと　して　正しい　ものを　一つ　えらび、○を　つけましょう。
ア（　）けしきを　あらわす　ことばを　なんども　くりかえして　いる。

イ（　）いろいろな　生きものの　ひみつを　くわしく　せつめいして　いる。

ウ（◯）「ちいさい」「おおきい」などの　ことばを、リズムよく　くりかえして　いる。

---

3 ①「ぽろっと」は、水のしずくや粒状のものが一つ落ちる様子を表す言葉です。また、「秘密の話をぽろっとしゃべる」など、うっかり表に出してしまう場合にも使われます。

③「たね」には、植物の種のほか、物事の起こる原因や小説などの題材、手品などのしかけなど、多くの意味があります。「もとになるもの」という基本的な意味をおさえておきましょう。

4 毎日の生活の記録である日記には、日にち、曜日、天気などを書く原則があります。これらをはじめに書くことを確認しておきましょう。また、内容には、できごとのほか、自分の思ったこと、ほかの人がしたことなども書きます。「　」を使って会話を入れたり、様子がくわしく分かるような言葉を交えたりすると、いきいきと伝わります。

5 ちょうどよい声の大きさは、場面や伝えたい相手の人数によって異なります。保健室には、具合の悪い人がいるかもしれないなど、状況を意識し、声の大きさを使い分けましょう。

1 (1)詩を、内容のまとまりによって分けたものを「連」といいます。連と連との間は、ふつう、一行あいています。この詩は、各連が五行で構成されています。

(2)「おおきくって……」の部分は、同じ調子で読まずに、徐々に盛り上げるように声を大きくして読みます。次の「ちいさい」の部分は声を小さくして、大きさのちがいを強調するとよいでしょう。

(3)大きい生き物は各連の三行目で「おおきくって」を三回繰り返して表現されています。

(4)小さい生き物の「おなか」について書いてあるのは、第三連です。

(5)「にもつ」は、小さい生き物である「ありさん」にとっての「おおきい」であることに注目しましょう。

(6)めだかやくじらの姿や大きさをイメージして考えてみましょう。

(7)この詩は、各行の音数が決まっており、「ちいさい」「おおきい」などの同じ語句を繰り返すことで、一定のリズムを生んでいます。

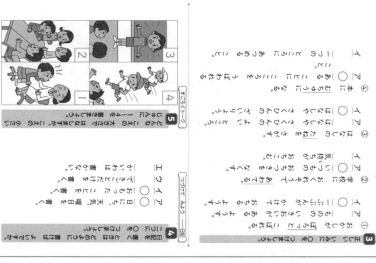

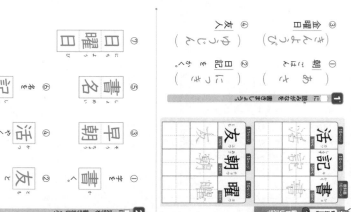

じゅんび　6~7ページ

はるねこ／ひろい　公園

かきトリ　新しい漢字

教科書16ページ	16ページ	17ページ	17ページ	18ページ	19ページ	19ページ
通（ツウ／とおる・とおす・かよう）10かく	色（ショク・シキ／いろ）6かく	思（シ／おもう）9かく	今（コン／いま）4かく	声（セイ／こえ）7かく	何（なに・なん）7かく	言（ゲン・ゴン／いう・こと）7かく

26ページ	32ページ	32ページ	34ページ	34ページ	34ページ	34ページ
読（ドク・トウ／よむ）14かく	公（コウ）4かく	園（エン）13かく	聞（ブン／きく・きこえる）14かく	話（ワ／はなす・はなし）13かく	汽（キ）7かく	星（セイ／ほし）9かく

36ページ
同（ドウ／おなじ）6かく

1 □に　読みがなを　書きましょう。

①（いろ）色を　ぬる。
②（ほし）星が　かがやく。
③（みとお）先を　見通す。
④（こんげつ）今月の　よてい。
⑤（どくしょ）読書
⑥（ごと）ひとり言

2 □に　漢字を　書きましょう。

①（話）を（聞）く。
②（汽車）
③（何）か（言）う。
④（通学）

3 正しい　いみを、□から　えらんで、記号を　書きましょう。（はるねこ）

①（イ）ふいに　話しかけられる。
②（ウ）ぶつぶつ　ひとりごとを　言う。
③（エ）もじもじして　へんじを　しない。
④（ア）たちまち　雨が　ふって　きた。

ア　あっというまに。
イ　思いがけず。
ウ　小さい　声で　言う　様子。
エ　はっきり　せず　おちつかない　様子。

3分でワンポイント（はるねこ）
とうじょう人物の　した　ことと　ばめんの　様子を　たしかめよう。

★あやが　した　ことと、ばめんの　様子を　――せんで　つなぎましょう。

①いえの　中で　おりがみあそびを　して　いた ―― ねこが　いて　何かを　さがして　いた
②はるねこと　おりがみで　花を　つくった ―― ひろい　のはらの　まん中に　すわって　いた
③おりがみの　花を　のはらに　ふりまいた ―― おりがみの　花が　本物の　花に　なった
④たくさんの　きりがみを　空に　ふりまいた ―― つよい　かぜが　のはらを　ふきぬけた

れんしゅう　8~9ページ

はるねこ

文しょうを　読んで、こたえましょう。

きらきら　こもれ日の　ゆれる　はるの　日の　ことです。
あやの　もとに、一通の　手がみと、わか草色の　きんちゃくぶくろが　とどきました。
「あ、これは　もしかして、あの　ときの……。」
あやは、にっこり　わらいながら、あの　日の　ふしぎな　できごとを、思い出しました。
それは、ちょうど　きょねんの　今ごろの　こと。
その　年は、なにもかもが　へんでした。
そろそろ　あたたかな　はるが　やって　きても　いい　ころなのに、のはらには　花も　さかず、ちょうちょも　すがたを　見せません。
「早く　あったかい　おそとで　あそびたいなあ。」
空は　どんより　くもり空。そとは　ひんやり　さむそうです。
あやは、きょうも　いえの　中で、おりがみあそびを　して　いました。
その　とき　にわの　ほうから、なにやら　ぶつぶつ　つぶやく　声が　きこえて　きました。
あやが、そとを　のぞいて　みると、そこには　わか草色の　ねこが　いて、何かを　いっしょうけんめい　さがして　いたのです。

かんの　ゆうこ「はるねこ」より

1「手がみと、わか草色の　きんちゃくぶくろ」が　とどいたのは、どんな　日ですか。□に　あう　言葉を　書きぬきましょう。

（こもれ日）の　ゆれる　（はる）の　日。

2「ふしぎな　できごと」が　あったのは　いつですか。□に　あう　言葉を　書きぬきましょう。

ちょうど　（きょねん）の　今ごろ。

3「のはらには　花も　さかず、ちょうちょも　すがたを　見せません。」と　ありますが、なぜですか。一つに　○を　つけましょう。

ア（　）にわに　ねこが　いるから。
イ（　）今は　あきだから。
ウ（○）まだ　はるが　やって　こないから。

ヒント　すぐ　前の　ぶぶんを　読もう。

4 あやは　いえの　中で　何を　して　いましたか。

（おりがみあそび（をしていた。））

5 あやが　いえの　中に　いたのは　なぜですか。あう　もの　一つに　○を　つけましょう。

ア（○）そとが　くもって　さむかったから。
イ（　）かぜを　ひいて　いたから。
ウ（　）おくりものが　とどいたから。

6「ぶつぶつ　つぶやく　声」と　ありますが、だれの　声ですか。

（わか草色の）ねこ

ヒント　20行〜30行の　ぶぶんを　読もう。

3
①「不意」は、思いがけないこと、突然なことで、「ふいに」は思いがけず、だしぬけに、の意味になります。
②「ぶつぶつ」は小声で言う様子のほかに、「ぶつぶつ文句を言う」のように、不平不満を言う様子にも使います。
③「もじもじ」は遠慮したりはずかしがったりする気持ちのために、態度がはっきりしない様子です。
④「たちまち」は非常に短い時間で行われる様子で、あっという間に、すぐに、といった意味です。こうした言葉から、登場人物の様子や気持ち、したことを読み取れるようにしましょう。

3分でワンポイント

『はるねこ（かんの　ゆうこ）』は、あやとはるねこがしたことや二人のやりとりでお話が進みます。あやがおりがみでしたことをきっかけに場面の様子が変化していくので、その展開をしっかりおさえましょう。

1 冒頭の一文に着目しましょう。

2 一行あいた後、場面が変わっていることに気づきましょう。あやは、きょねんの今ごろのことを思い出しています。

3 すぐ前の部分を読むと、「そろそろ　あたたかな　はるが　やって　きても　いい　ころなのに」とあることから、まだ春がやってこないせいで、花もさかず、ちょうちょも飛んでいないのだということが分かります。

5 すぐ前の部分を読むと、あやが「早く　あったかい　おそとで　あそびたいなあ。」と言っていること、家の外の「空は　どんより　くもり空。そとは　ひんやり　さむそうです。」という天候の描写から、あやは外で遊びたいけれど、そとがくもり空で寒いために、家の中で遊んでいることが分かります。

6 31行目以降に着目しましょう。ぶつぶつつぶやく声を聞いて外をのぞくと「わか草色の　ねこ」がいたことから考えます。

じゅんび　10~11ページ

言葉の　文化①　回文を　たのしもう／漢字の　ひろば①　画と　書きじゅん

かきトリ 新しい漢字

回	画	会	線	数	点	馬
教科書37ページ カイ まわる・まわす 6かく	38ページ ガ・カク 8かく	38ページ カイ あう 6かく	38ページ セン 15かく	38ページ スウ かず・かぞえる 13かく	38ページ テン 9かく	38ページ バ うま・ま 10かく

方	工	羽
39ページ ホウ かた 4かく	39ページ コウ・ク 3かく	39ページ は・はね 6かく

「点」は　四つの　点（「灬」）の　むきに　気を　つけて　書こう。

1 □に　読みがなを　書きましょう。　● 読み方が　新しい　字

① 数（かず）を　ふやす。
② 日にちを　数（かぞ）える。
③ 数（すう）字
④ 人に　会（あ）う。
⑤ とりの　羽（はね）。
⑥ 線（せん）を　ひく。
⑦ 点（てん）を　うつ。
⑧ 白い　馬（うま）。
⑨ やり方（かた）を　見る。

2 □に　漢字を　書きましょう。

① あさの　会（かい）。
② ず画（が）工（こう）さく
③ 回（かい）数
④ 右の　方（ほう）。

3 回文を　たのしもう　つぎの　文が　回文に　なるように　□に　あう　ひらがなを　書きましょう。

① いか　たべた　かい。
② ママが　わたしに　した　わがまま。

4 画と　書きじゅん　言葉と　正しい　いみを、——線で　つなぎましょう。

① 画 ――― 漢字を　一度に　書く　点や　線。
② 画数 ――― 漢字の　画の　数。
③ 書きじゅん ――― 漢字を　書く　ときの　きまった　じゅんじょ。

5 画と　書きじゅん　つぎの　漢字の　画数を　□に　漢字で　書きましょう。

① 記（十）画
② 年（六）画

6 画と　書きじゅん　つぎの　漢字の　一画めを　なぞりましょう。

① 左
② 九

3 上から読んでも下から読んでも同じ言葉になる回文は、言葉遊びとして古くから親しまれてきたものです。

4 漢字の書き方には一定の決まりがあります。画、画数、書き順（筆順）などの名称と意味、おおよその決まりを覚えておきましょう。

5 ①「記」のつくり「己」はどこまでが一つの画か分かりにくく、画数の数え間違いをしやすい漢字です。

6 ①「左」は横画が一画目です。「右」は上から左下へのはらいが一画目なので、注意しましょう。左はらいより横画が先の漢字はほかに「友」などがあります。
②書き順を間違えやすい漢字です。上から左下へのはらいが一画目になります。

たしかめのテスト①　12~13ページ

はるねこ　～　漢字のひろば①　画と　書きじゅん

文しょうを　読んで、こたえましょう。　思考・判断・表現

あやが、そとを　のぞいて　みると、そこには　わか草色の　ねこが　いて、何かを　いっしょうけんめい　さがして　いたのです。

「こんにちは、ねこさん。どう　したの。」

「ああ、もう　どう　したら　いいんだろう。あれが　ないと、ことしの　はるは　やって　こない。こまった　こまった、どう　しよう。」

「ええっ。はるが　やって　こないの。」

あやが　おどろくと、その　ねこは　言いました。

「ぼくは、はるねこ。まいとし、はるを　はこぶ　ことが、ぼくの　しごとなの。それなのに　ぼくったら、たくさんの　『はるの　たね』が　つまった　きんちゃくぶくろを、どこかに　おとしちゃったんだ。」

「だから、ことしの　はるは、なかなか　やって　こなかったのね。」

その　とき、つくえの　上に　あった　一まいの　おりがみが、あやの　足もとに、ふわりと　すべりおちて　きました。

「そうだ。この　おりがみで、いっしょに　はるを　つくって　みようよ。」

「えっ。そんな　ことが　できるのかい。」

「やって　みるの。さあ、はるねこさんも　てつだって。」

あやと　はるねこは、たのしく　うたいながら、たくさんの　花を　つくりはじめました。

すると　どうでしょう……。

二人は、いつのまにか、ひろい　ひろい　のはらの　まん中に　すわって　いました。

かんの　ゆうこ「はるねこ」より

1 「あやが　おどろくと」と　ありますが、あやが　おどろいたのは　なぜですか。一つに　○を　つけましょう。　10点

ア（　）ねこが　何かを　さがして　いたから。
イ（○）ねこが　はるは　やって　こないと　言ったから。
ウ（　）ねこが　きゅうに　話しはじめたから。

2 はるねこの　しごとは　なんですか。　20点

まいとし（はるをはこぶこと。）

3 よく出る　できたらスゴイ！　ことしの　はるが　なかなか　やって　こなかったのは、なぜですか。□に　あう　言葉を　書きぬきましょう。　20点

はるねこが「はるのたね」が　つまった　きんちゃくぶくろを　おとして　しまったから。

4 「たくさんの　花」と　ありますが、どのような　花ですか。□に　あう　言葉を　書きぬきましょう。　10点

おりがみ　で　つくった　花。

5 あやと　はるねこが　花を　つくりはじめると　二人は　どうなりましたか。　20点

ア（○）ひろい　のはらの　まん中に　すわって　いた。
イ（　）きんちゃくぶくろを　見つけた。
ウ（　）たのしくなって　うたった。

6 考えを書こう　「おりがみで、いっしょに　はるを　つくって　みようよ。」と　ありますが、この　ときの　あやの　気持ちを　書きましょう。　20点

（れい　はるねこがこまっているので　てつだってあげたい。）

1 直前に「ええっ。はるが　やって　こないの。」と言っていることに着目しましょう。

2 12～13行目で、はるねこが自分の仕事を話しています。はるねこが、はるを運ぶ仕事ができなくて困っていることから話が展開していきます。

3 あやが言った「だから、ことしの　はるは、なかなか　やって　こなかったのね。」の「だから」に着目します。この前の部分に、春がなかなかやってこなかった理由が示されていることが分かります。

4 「おりがみで、いっしょに　はるを　つくって　みようよ。」と言って作りはじめたので、おりがみで作った花です。

5 あやとはるねこが花を作りはじめた後、「すると　どうでしょう」とあり、場面の様子が変わることが分かります。

6 あやの言葉ははるねこが困っていることを受けたものであることから、あやの気持ちを想像しましょう。また、春がきてほしい気持ちを書いてもよいでしょう。

れい2　なんとかしてはるがきてほしい。

おうちのかたへ

□に合う言葉を書きぬく問題では、字数に合わせて、文章からそのままの形でぬき出します。言いかえたり、表記を変えたりせずに書きぬくようにしましょう。

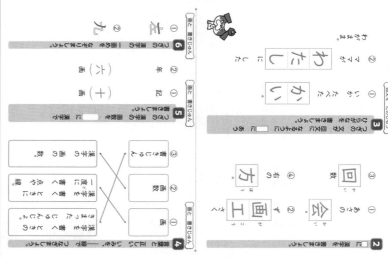

たしかめのテスト② 14~15ページ

はるねこ ～ 漢字のひろば① 画と 書きじゅん

1 （ ）に 読みがなを 書きましょう。 一つ4点(32点)

① 方言（ほうげん） ② 馬車（ばしゃ）
③ かん字の 画数（かくすう）。 ④ とりが 羽（は） ばたく。
⑤ みらいを 思（おも）う。 ⑥ でん 言（ごん）
⑦ 今（いま） すぐ 行く。 ⑧ 学校に 通（かよ）う。

2 □に 漢字を 書きましょう。 一つ4点(32点)

① すきな 色。 ② 大きな 声。
③ 先生の 話。 ④ 公園
⑤ 音を 聞く。 ⑥ 同じ こと。
⑦ 水星 ⑧ 目が 回る。

3 つぎの →の 画は 何画めに 書きますか。（ ）に 漢字で 書きましょう。 一つ4点(12点)

① 右（二）画め ② 火（二）画め ③ 馬（二）画め

4 つぎの えを 見て、しつもんに こたえましょう。 一つ4点(8点)

① 白い ねこは、何びき いますか。（二ひき）
② くろい ねこは、何を して いますか。（れい ねている。）

5 回文を かんがえて 書きましょう。 6点

（れい しんぶんし）

6 音の 調子で いみが ちがう 言葉を つかって 文を 二つ つくりましょう。 完答10点

れい 手を ふる。／雨が ふる。

（れい 花がさく。）

（れい ぬのをさく。）

じゅんび 16~17ページ

すみれと あり

1 に 読みがなを 書きましょう。

① 立春（りっしゅん） ② 自分（じぶん）の かんがえ。
③ 地面（じ） ④ 高（たか）い 山。

2 □に 漢字を、〔 〕に 漢字と ひらがなを 書きましょう。

① 高学年 ② 近じょの 人。
③ 広い 道。 ④ 二つに 〔分ける〕。

かきトリ 新しい漢字

春 道 高 近 地 自 分 外

「地」の 四画めの はね方に 気を つけよう

3 正しい いみに ○を つけましょう。

① 石がきの 上を ねこが あるく。
ア（ ）石を とうのように つんだ もの。

イ（○）石を かべのように つんだ もの。

② つくえと かべの すきまに 本が おちる。
ア（○）ものと ものとの あいだ。

イ（ ）よく 見えない ところ。

③ うんどうじょうを 見わたす。
ア（ ）じっと 見つめる。

イ（○）とおくまで ひろく 見る。

④ しばらく ここで 休もう。
ア（○）すこしの じかん。

イ（ ）とても ながい あいだ。

⑤ もともと ここには 公園は なかった。
ア（○）はじめから。もとから。

イ（ ）すこし まえから。

すみれと あり

3分でワンポイント

何が どう するに 気を つけて、じゅんじょを 読もう。

★花を さかせてから すみれが どう なるか じゅんばんに 1～4の ばんごうを 書きましょう。

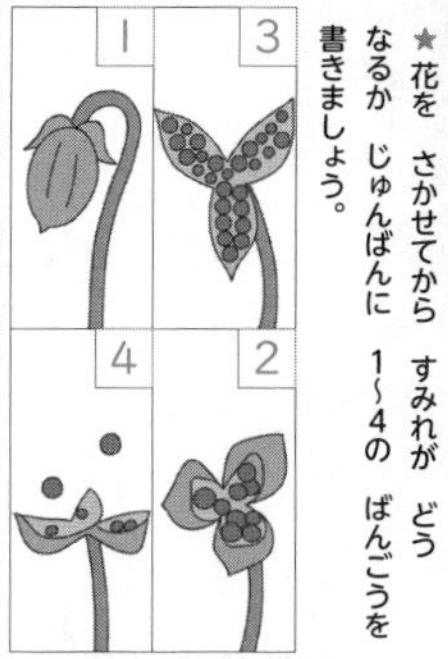

★ありは すみれの たねを どこに はこびますか。（ ）に 言葉を 書きましょう。

（す）。 地面の 上や、コンクリートの われ目、高い 石がき などに ある ありの

3 ①「右」は上から左下へのはらいをはじめに書きます。「左」は横画が先なので注意しましょう。
②「火」は左右の点を先に書きます。点の向きにも注意しましょう。
③「馬」の一画目は左のたて画で、矢印で示した横画は二画目です。

4 絵を見て質問に答える問題です。日常の会話でも、話している人が伝えたいことは何かを考えながら、要点を落とさずに聞くようにしましょう。

5 身近な言葉の中にも、回文を見つけることができます。回文になっている言葉を探したり、自分で考えて作ったりしてみましょう。

れい2 たけやぶやけた

などもあります。

6 書くと同じ言葉でも、音の調子によって意味が違う言葉があります。作った文を音読し、アクセントの違いを比べるとともに、文が表す様子の違いも思い浮かべてみましょう。また、同様の言葉をほかにも調べてみましょう。

3 ①「石がき」は、建物の周囲などに、石を積んで造ったかべのことです。
②「すきま」は、ものとものとの間のわずかなスペースのことです。
③「見わたす」は、広い範囲をながめることです。
④「しばらく」は、少しの間、ちょっと、という意味です。文脈によっては、短くない間ということもあるので注意しましょう。

3分でワンポイント

「何が－どうする」を、順を追って確認していくことで、すみれとありの関係を見つけましょう。

まず、すみれが、花を咲かせてから実をつけるまでの順序を確認しましょう。

それから、ありがすみれの種をどうするかを順に確認しましょう。

(矢間芳子作「すみれとあり」(株)福音館書店刊より)

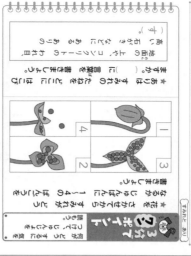

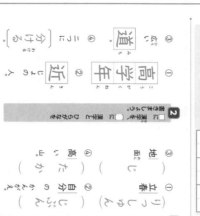

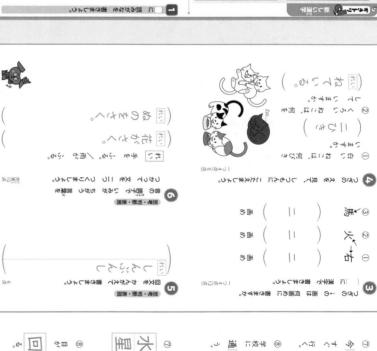

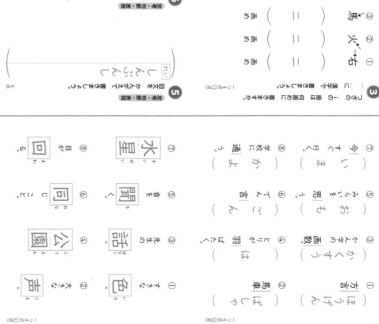

じゅんび　18~19ページ

かんさつ発見カード／言葉の　文化②　むかしの　うたを　読もう／言葉……

新しい漢字

教科書50ページ	51ページ	56ページ
形（ケイ・ギョウ／かた・かたち）7かく	黄（オウ／き）11かく	国（コク／くに）8かく

56ページ	57ページ	58ページ
前（ゼン／まえ）9かく	絵（エ）12かく	図（ズ・ト）7かく

1 □に　読みがなを　書きましょう。

① 花の　形。（かたち）
② 黄色い　くつ。（きいろ）
③ 外国の　地名。（がいこく）
④ 名前を　書く。（なまえ）

2 □に　漢字を　書きましょう。

① 絵（え）を　かく。
② 図書（としょ）しつ
③ 四かく　形（けい）
④ ほかの　国（くに）。
⑤ 黄土（おうど）色
⑥ 前日（ぜんじつ）

かんさつ発見カード

3 「かんさつ発見カード」に、なすの　みを　かんさつして　きろくする　とき、どんな　ことを　書けば　よいですか。二つに　○を　つけましょう。

ア（○）日づけ
イ（　）りょうりの　ほうほう。
ウ（○）大きさ、形、色。
エ（　）友だちの　名前。

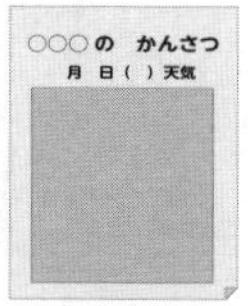

むかしの　うたを　読もう

4 「いろはうた」に　ついて　正しい　ものに　○を　つけましょう。

（　）一から　十までの　数を　数える　うた。

（○）四十七文字の　かなを　一回ずつ　つかった　うた。

かたかなで　書く　言葉

5 つぎの　かたかなで　書く　言葉は　どの　なかまですか。□に　記号を　書きましょう。

①（ア）マヨネーズ・カレンダー
②（ウ）ニャーニャー・ブーブー
③（エ）ザーザー・パチパチ
④（イ）イタリア・モーツァルト

ア　外国から　入って　きた　言葉
イ　外国の、地名や　人の　名前
ウ　どうぶつの　なき声
エ　いろいろな　音

本で　しらべよう

6 言葉と　正しい　いみを、――線で　つなぎましょう。

① ししょ ―― 本の　せいりなどを　する　しかくを　もった　人。
② ふだ ―― 絵や　文字などが　かいて　ある　木や　紙など。

たしかめのテスト①　20~21ページ

すみれと　あり

文しょうを　読んで、こたえましょう。　思考・判断・表現

　ありが、地面に　おちて　いる　すみれの　たねを　見つけました。よく　見ると、たねには、白い　かたまりが　ついて　います。

　ありは、その　たねを　自分の　すの　中へ　はこんで　いきます。

　しばらくすると、ありは、せっかく　はこんだ　たねを　すの　外に　すてて　います。すてられた　たねからは、もともと　ついて　いた　白い　かたまりが、なくなって　います。どうやら、たねの　白い　ところだけが　ほしいようです。

　すみれは、なかまを　ふやす　ために、いろいろな　ばしょに　めを　出そうと　します。しかし、自分では、たねを　近くの　地面にしか、とばす　ことが　できません。そこで、すみれは、ありの　すきな　白い　かたまりを　たねに　つけて、いろいろな　ばしょに　はこんで　もらうのです。

（矢間芳子 作「すみれと　あり」やざま よしこ「すみれと　あり」㈱福音館書店刊より）

1 「ありが、地面に　おちて　いる　すみれの　たねを　見つけました。」と　ありますが、ありは　すみれの　たねを　どう　しましたか。一つに　○を　つけましょう。（20点）

ア（　）すの　近くまで　はこんで、たねを　すの　外に　おいた。

イ（○）すの　中に　はこんだ　あと、しばらくして　たねを　外に　すてた。

ウ（　）すの　中に　はこんだ　あと、しばらくして　ありだけ　すの　外に　出て　きた。

2 「たねからは、もともと　ついて　いた　白い　かたまりが、なくなって　います。」と　ありますが、「白い　かたまり」は、どこに　いったのですか。□に　書きましょう。（20点）

ありのす　の　中。

3 （できたらスゴイ！）すみれが　いろいろな　ばしょに　めを　出そうと　するのは　なぜですか。□に　あう　言葉を　書きぬきましょう。（20点）

なかまをふやす　ため。

4 すみれは、ありに　何を　して　もらいますか。□に　あう　言葉を　書きぬきましょう。（20点）

自分の　たねを　いろいろな　ばしょに　はこんで　もらう。

5 （考えを書こう）すみれと　ありの　つながりに　ついて、あなたは　どのように　思いますか。かんがえて　書きましょう。（20点）

（れい）おたがいにたすけあって生きていてすごい。

---

3 「かんさつ発見カード」には観察するもの、日付、かわったところ、思ったことなどを書きます。大きさ、形、色や、数などのくわしい様子を、かわったところとして、記録しましょう。

4 「いろはうた」はひらがな四十七文字を一回ずつ使った七・五調の詩です。平安時代に作られたとされており、文字を習うときの手本として使われました。数を数えるうたは「数えうた」です。お手玉やまりつきなどの遊びで使われます。

5 かたかなで書く言葉は、外国から来たものや、外国の地名・人名・動物の名前、動物の鳴き声や音を表す言葉があります。「ザーザー」「パチパチ」は、音を文字で表したものです。

6 図書館で使われる言葉を知っておきましょう。ほかにも「題名」「目次」などの言葉を知っておくとよいでしょう。

1 **2** ありがすみれの種を運ぶ様子は、7～20行目に書かれています。ここから、ありはすみれの種を巣の中まで運んだ後、白い部分を巣に残し、種だけ巣の外に捨てることが分かります。

3 「～ため」という言葉に着目します。すみれがありに種を運んでもらうのは、いろいろな場所に芽を出すためであり、仲間を増やすためです。

4 最後の一文に着目しましょう。

5 すみれとありが「助け合っている」ことに注目できるとよいでしょう。（れい2）すみれはどうやってありにたねをはこんでもらうことを思いついたのかな。など、不思議に思うことを書いてもよいでしょう。

おうちのかたへ

問題文に、「なぜ」などと書かれている時は、理由を問われています。解答欄の外に「から。」が書かれているかどうかにも注意して、文末は「～から。」になるように答えをまとめましょう。

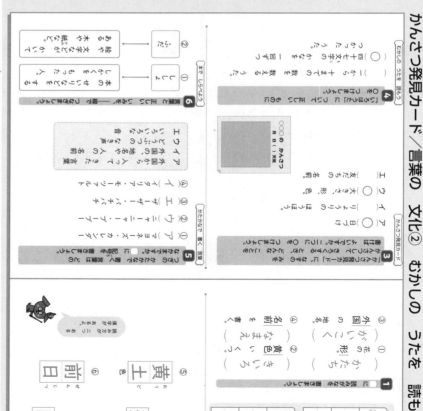

すみれと　あり ～ 読書の　ひろば①　本で　しらべよう

1 (　)に 読みがなを 書きましょう。 一つ4点(32点)

① ほそい 道。(みち)
② 近くに いる。(ちか)
③ いえの 外。(そと)
④ 図を かく。(ず)
⑤ まるい 形。(かたち)
⑤ よく 分かる。(わ)
⑦ 気持ちが 高まる。(たか)
⑧ 絵を 見る。(え)

2 □に 漢字を、(　)に 漢字と ひらがなを 書きましょう。 一つ4点(32点)

① 国語
② 午前中
③ 自動車
④ 大地
⑤ 春分の日
⑥ まっすぐな 線。
⑦ 馬に のる。
⑧ せきを (外す)。

3 「いろはうた」の 四十七文字の うち、今では つかって いない 文字を 二つ 書きましょう。 一つ5点(10点)

いろはにほへと　ちりぬるを
わかよたれそ　つねならむ
うゐのおくやま　けふこえて
あさきゆめみし　ゑひもせす

ゐ　ゑ

4 図書館で 「あさがお」の とくちょうに ついて しらべたい とき、どの 本だなを 見ると よいですか。あう もの 一つに ○を つけましょう。 6点

ア (　) 「ものがたり」の 本だな
イ (　) 「人の からだ」の 本だな
ウ (　) 「さかな・とり」の 本だな
エ (○) 「しょくぶつ」の 本だな

5 横書きで 「かんさつ発見カード」を 書くとき、どのように 書くと よいですか。二つに ○を つけましょう。 一つ5点(10点)

ア (　) 日づけや じかんなどは、漢字で 書く。
イ (○) 点(、)や まる(。)は 下に 書く。
ウ (　) 右から 左に 文字を 書く。
エ (○) 点(、)の かわりに コンマ(,)を つかっても よい。

6 思考・判断・表現 つぎの 絵の 中から、かたかなで 書く 言葉を 見つけて 文を つくりましょう。 10点

れい 子どもたちが、ケーキやクッキーを たべ、ジュースを のんでいます。

「生きものクイズ」で　しらせよう

かきトリ！ 新しい漢字

作 サク・サ つくる 7かく 教科書62ページ	週 シュウ 11かく 63ページ
間 カン・ケン あいだ・ま 12かく 63ページ	答 トウ こたえ・こたえる 12かく 64ページ

1 □に 読みがなを 書きましょう。

① クッキーを 作る。(つく)
② 今週(こんしゅう)
③ 三日間(みっかかん)
④ 工作(こうさく)
⑤ クイズに 答える。(こた)

2 □に 漢字を 書きましょう。

① 作文
② 一週間
③ 間に 入る。
④ 回答する。
⑤ 人間
⑥ 間を とる。

3 正しい いみに ○を つけましょう。

① 本を 読みかえす。
ア (○) 一回 読んだ ものを また 読む。
イ (　) 相手に 聞こえるように 読む。

② 友だちと カードを こうかんする。
ア (○) とりかえる こと。
イ (　) ならべて 見る こと。

③ 本の ないようを 見る。
ア (○) あらわされて いる ことがら。
イ (　) かたちや、かざり。

④ にわとりの たまごが かえる。
ア (　) さかさまに なる。
イ (○) たまごから 子や ひなに なる。

4 「生きものクイズ」を 作る ときの じゅんに 1～4の ばんごうを 書きましょう。

ア (1) クイズに したい 生きものを きめ、しらべる。
イ (4) 作った クイズを 読みかえす。
ウ (2) クイズに したい ないようを メモに 書く。
エ (3) 「生きものクイズ」を 作る。

5 「生きものクイズ」を 作る ときに 大事な こと 一つに ○を つけましょう。

ア (　) 本で しらべる ときは、ひょうしを 見て、だいたいの ないようを つかむ。
イ (○) 「もんだい」と 「答え」を みじかく 書き、「せつめい」は くわしく 書く。
ウ (　) 生きものに ついて、みんなが しって いそうな ことを クイズに する。

3 「いろはうた」は今では使っていない昔の仮名づかいで書かれています。ワ行の「ゐ」(い)と「ゑ」(え)は今では使っていない文字です。声に出して読んでみて、七音・五音のリズムを味わうのもよいでしょう。

4 図書館の本は、探したい本を見つけやすいように、内容ごとにグループ分けされており、そのグループごとに番号をつけて、番号順にならべられています。本を探す時には、探している本がどのグループの本かを確かめ、本棚や札を見ながら、探すとよいでしょう。

5 横書きで書く時、時間、長さなどは算用数字を用いますが、「一人」「一つ」などは漢字を使います。句点、読点や小さく書く字は下に書くこと、コンマを使ってもよいことなどに注意しながら、「かんさつ発見カード」を横書きで書いてみましょう。

6 「ケーキ」や「ジュース」など、かたかなで書く言葉を見つけましょう。

れい 2 子どもたちが、テーブルをかこんでたのしそうにパーティーをしています。

3 ①「～返す」はその動作をはじめからもう一度することを表します。「言い返す」など、相手からされたことを相手に返す場合もあります。

③「内容」は容器などの中に入っているもののほか、形のないものにも使われます。

④「(たまごが) かえる」は「ふ化する」とも言います。「返る」や「変える」ではないので注意しましょう。

4 「生きものクイズ」を作る時は、まず、クイズにしたい生きものを決め、本で生きものについて調べます。クイズにしたい内容と、調べた本をメモに書きましょう。メモを元にクイズを作ります。完成したら読み返して、問題と答えが対応しているか、説明は友だちに伝わりやすいかを確認して、必要なら修正しましょう。

5 本で調べる時は、表紙だけでなく、目次を見て、だいたいの内容をつかみます。みんなが知っていそうなことではなく、知らないことをクイズにするとよいでしょう。

じゅんび 26~27ページ

漢字の ひろば② なかまの 言葉と 漢字／言葉の ひろば② 「言葉の……

かきトリ 新しい漢字

昼 夜 親 兄 父 母 姉

弟 妹 万 語 算 海 内

夏

1 ◻に 読みがなを 書きましょう。

① 海（うみ）で およぐ。 ② 親（おや）と 子。 ③ 兄弟（きょうだい） ④ 父母（ふぼ）の会。 ⑤ 夜中（よなか） ⑥ 算数（さんすう） ⑦ ドアの 内（うち）がわ。 ⑧ 一万円（いちまんえん）

2 ◻に 漢字を 書きましょう。

① 昼と 夜。 ② 父と 母。 ③ 姉と 妹。 ④ 兄と 弟。 ⑤ けい算 ⑥ 夏休み ⑦ 海水 ⑧ 一人で 語る。 ⑨ 親友 ⑩ 外国語

3 なかまの 漢字を ◻から えらんで、書きましょう。（なかまの 言葉と 漢字）

① 月—日—星 ② 父—姉—弟 ③ 目—耳—口 ④ 木—草—花 ⑤ 百—千—万

草 万 日 耳 姉

4 つぎの 言葉を まとめて いうと 何と いうかを、◻から えらんで、書きましょう。（「言葉のなかまさがしゲーム」を しよう）

① 「テニス・たっきゅう」→（スポーツ）
② 「レタス・ごぼう」→（やさい）
③ 「せみ・ちょう・はち」→（虫）

虫 スポーツ やさい くだものの 色

たしかめのテスト 28~29ページ

「生きものクイズ」で しらせよう ～ 言葉の ひろば② 「言葉のなかまさがしゲーム……

1 ◻に 読みがなを 書きましょう。（一つ4点〔32点〕）

① 間（ま）を とる。 ② かい答（とう）ようし ③ どう作（さ） ④ 昼（ちゅう）しょくを とる。 ⑤ 妹（いもうと）の くつ。 ⑥ 本の 内（ない）よう。 ⑦ 春夏（か）秋冬 ⑧ 海外（かいがい）りょこう

2 ◻に 漢字を、〔 〕に 漢字と ひらがなを 書きましょう。（一つ4点〔24点〕）

① 一万回 ② 兄弟 ③ 十五夜の 月。 ④ 算数 ⑤ 生きものに〔親しむ〕。 ⑥ 友と〔語らう〕。

3 はんたいの いみの 漢字を 書きましょう。（一つ4点〔12点〕）

① 左 ↔ 右 ② 内 ↔ 外 ③ 上 ↔ 下

4 つぎの 言葉の グループの 中で、ちがう なかまの 言葉は どれですか。一つに ○を つけましょう。（一つ4点〔8点〕）

① （ ）バス （○）ボート （ ）トラック （ ）タクシー
② （ ）ばら （ ）きく （○）さくらんぼ （ ）チューリップ

5 思考・判断・表現 つぎの メモを 見て「生きものクイズ」を 作りましょう。（一つ8点〔24点〕）

●メモ

生きもの	もんしろちょう
ここが すごい！	春から 秋に かけて よう虫の たべものに なる キャベツなどの はに、たまごを うむ。

①もんだい	れい もんしろちょうは、どんなところにたまごをうむでしょうか。①高い木の上②川の水の中③キャベツなどのは
②答え	れい ③キャベツなどのは
③せつめい	れい よう虫のたべものになるキャベツなどのはに、たまごをうみます。

---

3 ①は「天体」、②は「家族」の仲間の漢字です。③は「体の一部」の仲間の漢字です。このほかに、足、手などもこの仲間に挙げられます。④は「植物」に関する漢字です。⑤は「数の単位」の仲間の漢字で、一、十もこの仲間に挙げられます。これらは意味をもとに漢字を仲間分けしています。意味のつながりを理解し、まとめて漢字を覚えるようにするとよいでしょう。

4 ①の言葉はすべてスポーツの名前を表す言葉なので、まとめていうと、「スポーツ」となります。同様に、②の言葉はまとめていうと「野菜」、③は「虫」です。このほかにも、気持ちを表す言葉や、動作を表す言葉、食べた時の味を表す言葉など、ふだん使っている言葉も仲間に分けることができます。身の回りのさまざまなものに、どんな仲間の言葉があるか、考えてみましょう。

3 反対の意味の漢字をまとめて覚えるようにしましょう。②「外」の反対語には「中」もありますが、「外面」「内面」、「外部」「内部」、「外科」「内科」のように「内」のほうが多く使われます。③三つで、「上中下」と表す場合もあります。

4 ①バス、トラック、タクシーはまとめていうと「車」になる言葉です。ボートは船の一つなので、ちがう仲間の言葉です。②ばら、きく、チューリップはまとめていうと「花」、さくらんぼはくだものなので、ちがう仲間の言葉です。

5 「答え」は、問題に対応して正しいものが書けていれば正答とします。

れい 2 ①もんしろちょうは冬にたまごをうみます。○でしょうか。×でしょうか。

② ×

③ 春から秋にかけてたまごをうみます。

おうちのかたへ

メモや資料を見て答える問題では、まず、その内容を正確に読み取ることが大切です。

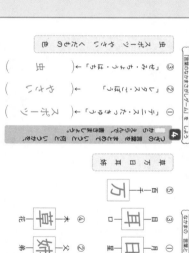

じゅんび　30~31ページ

きつねの　おきゃくさま／言葉の　文化③　いなばの　しろうさぎ／言葉の……

かきトリ　新しい漢字

考	太	丸	心	切	行	場
教科書72ページ	72ページ	73ページ	73ページ	75ページ	75ページ	86ページ
コウ　かんがえる	タイ・タ　ふとい・ふとる	ガン　まる・まるい・まるめる	シン　こころ	セツ　きる・きれる	コウ・ギョウ　いく・ゆく・おこなう	ジョウ　ば
6かく	4かく	3かく	4かく	4かく	6かく	12かく

楽	才	合	時	元
86ページ	86ページ	90ページ	90ページ	90ページ
ガク・ラク　たのしい・たのしむ	サイ	ゴウ・ガッ・カッ　あう・あわす・あわせる	ジ　とき	ゲン・ガン　もと
13かく	3かく	6かく	10かく	4かく

1 □に　読みがなを　書きましょう。

●読み方が　新しい　字　◆とくべつな　読み方の　ことば

① じっと　考える。（かんが）
② 時間（じかん）
③ ◆上手（じょうず）
④ 親切な　人。（しんせつ）
⑤ ◆兄さん（にい）
⑥ ◆父さん（とう）
⑦ ◆母さん（かあ）
⑧ ◆姉さん（ねえ）

2 □に　漢字を　書きましょう。

① 太い　ぼう。
② 一人で　行く。
③ ひろ場
④ 音楽
⑤ 心の　中。
⑥ 丸い　月。

3 うれしく　なる　言葉に、——線を　ひきましょう。

うれしく　なる　言葉

けいこさんへ
けいこさんは　あかるいね。みんなに
たのしい　話を　して　くれるね。
たくさん　ともだちが　いるね。

きつねの　おきゃくさま

3分でワンポイント　とうじょう人物の　様子を　考えよう。

★つぎの　どうぶつたちは　きつねの　ことを　どのような　お兄ちゃんと　言って　いますか。（　）に　あてはまる　言葉を　□から　えらんで　書きましょう。

ひよこ	ひよこ・あひる	ひよこ・あひる・うさぎ
（やさしい）	（親切）	（かみさまみたい）

親切　やさしい　かみさまみたい

れんしゅう①　32~33ページ

きつねの　おきゃくさま

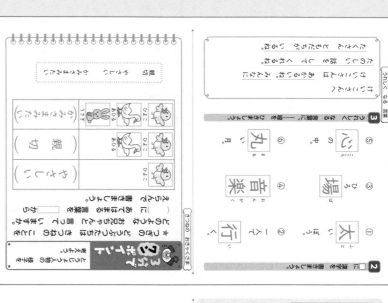

文しょうを　読んで、答えましょう。

むかし　むかし、あったとさ。

はらぺこきつねが　あるいて　いると、やせた　ひよこが　やって　きた。がぶりと　やろうと　思ったが、やせて　いるので　考えた。太らせてから　たべようと。

そうとも。よく　ある、よく　ある　ことさ。

「やあ、ひよこ。」

「やあ、きつねお兄ちゃん。」

「お兄ちゃん？　やめて　くれよ。」

きつねは、ぶるると　みぶるいした。

でも、ひよこは　目を　丸く　して　言った。

「ねえ、お兄ちゃん。どこかに　いい　すみか、ないかなあ。こまってるんだ。」

きつねは、心の　中で　にやりと　わらった。

「よし　よし、おれの　うちに　きなよ。」

すると、ひよこが　言ったとさ。

「きつねお兄ちゃんって、やさしいねえ。」

「やさしい？　やめて　くれったら、そんな　せりふ。」

でも、きつねは、生まれて　はじめて　「やさしい」なんて　言われたので、すこし　ぼうっと　なった。

あまん　きみこ「きつねの　おきゃくさま」より

1 「がぶりと　やろうと　思った」と　ありますが、ひよこを　どう　しようと　思ったのですか。
（たべようと　思った。）

2 「きつねは、ぶるると　みぶるいした。」と　ありますが、この　時の　きつねは　どんな　気持ちでしたか。一つに　○を　つけましょう。
ア（　）おそろしい。

イ（○）てれくさい。

ウ（　）はらが　立つ。

ヒント　すぐ　前の　きつねの　言葉を　見よう。

3 きつねが、「心の　中で　にやりと　わらった。」のは、なぜですか。一つに　○を　つけましょう。
ア（○）ひよこを　つれて　かえり、太らせてから　たべようと　考えたから。

イ（　）ひよこを　つれて　かえれば、もっと　やさしいと　言われると　思ったから。

ウ（　）ひよこを　つれて　かえり、もっと　お兄ちゃんらしく　したかったから。

4 「やさしいねえ。」と　ありますが、ひよこは　なぜ　そう　思ったのですか。一つに　○を　つけましょう。
ア（　）きつねが　にやりと　わらったから。

イ（○）きつねが　いえに　さそって　くれたから。

ウ（　）きつねが　たべものを　分けて　くれたから。

5 きつねが　「すこし　ぼうっと　なった。」のは、なぜですか。□に　合う　言葉を　書きぬきましょう。
生まれて　はじめて　「やさしい」と　言われたから。

ヒント　「～ので」と　書かれた　部分を　読もう。

3 自分が言われて、うれしかった言葉を思い出してみましょう。そして、だれかにどんな言葉を言われるとうれしいかも考えてみましょう。「あかるい」「たのしい」「たくさん　ともだちが　いる」などのポジティブな言葉は、うれしくなる言葉といえるでしょう。

3分でワンポイント

「きつねのおきゃくさま（あまん　きみこ）」は繰り返しの構造で展開しますが、少しずつ変化していきます。新たな登場人物が加わるたびに繰り返されることと＝同じところと、かれらのきつねに対する評価の言葉が発展していくこと＝違うところを、確かめましょう。また、それによってきつねの心情がどのように変化していくかにも、注目しましょう。

1 「がぶりと」は大きな口を開けて食らいつくさまをいう言葉です。また、「やせているので　考えた」の後に、きつねが「太らせてから　たべよう」と思ったことが書かれていることに気づきましょう。

2 直前の会話文から、ひよこに「お兄ちゃん」と言われて、「やめて　くれよ。」と返しているのは、照れくさく思っているからであることをとらえましょう。

3 4～7行目できつねが「がぶりと　やろうと　思った」こと、「太らせてから　たべよう」と考えていたことをつかみましょう。

4 直前の会話文で、きつねが「おれの　うちに　きなよ」と言っていることから考えましょう。ひよこは「いい　すみか」がないかと困っていたので、いえにさそってくれたきつねをやさしいと思ったのです。

5 「すこし　ぼうっと　なった。」のすぐ前に、「生まれて　はじめて　『やさしい』なんて　言われたので」とあります。「ので」は理由を表すときの言葉です。ここから書きぬきましょう。

れんしゅう② 34~35ページ

きつねの　おきゃくさま

文しょうを　読んで、答えましょう。

ひよこが　春の　うたなんか　うたいながら　あるいて　いると、やせた　あひるが　やって　きたとさ。

「やあ、ひよこ。どこかに　いい　すみかは　ないかなあ。こまってるんだ。」

「あるわよ。きつねお兄ちゃんちよ。あたしと　いっしょに　行きましょ。」

「きつね？　とうんでもない。がぶりと　やられるよ。」

と、あひるが　言うと、ひよこは　くびを　ふった。

「ううん。きつねお兄ちゃんは、とっても　親切なの。」

それを　かげで　聞いた　きつねは、うっとりした。

そして、「親切な　きつね」と　いう　言葉を、五回も　つぶやいたとさ。

さあ、そこで　いそいで　うちに　かえると、まって　いた。

きつねは、ひよこと　あひるに、それは　親切だった。

そして、二人が　「親切な　お兄ちゃん」の　話を　して　いるのを　聞くと、ぼうっと　なった。

あまん　きみこ「きつねの　おきゃくさま」より

❶ この　ばめんの　とうじょう人物を　出て　くる　じゅんに　すべて　書きましょう。

（ひよこ・あひる・きつね）

❷ 「いっしょに　行きましょ。」と　ありますが、ひよこは、どこに　行こうと　さそって　いるのですか。

きつね　の　いえ。

❸ 「くびを　ふった。」と　ありますが、ひよこが　くびを　ふったのは　なぜですか。一つに　○を　つけましょう。

ア（　）あひるの　言って　いる　ことが　わからなかったから。

イ（　）あひるの　言って　いる　ことが　そのとおりだと　思ったから。

ウ（○）あひるの　言って　いる　ことが　ちがうと　思ったから。

ヒント　ひよこの「ううん」と　いう　言葉から　考えよう。

❹ 「『親切な　きつね』と　いう　言葉を、五回も　つぶやいたとさ。」と　ありますが、この　時の　きつねの　気持ちに　合う　ものは　どれですか。一つに　○を　つけましょう。

ア（　）親切だと　思われて　こまって　いる。

イ（○）親切だと　言われて　うれしくて　たまらない。

ウ（　）なぜ　親切だと　言われるのか　わからない。

ヒント　すぐ　前の　一文を　見よう。

❺ きつねが、「ぼうっと　なった。」のは、なぜですか。あてはまるもの　一つに　○を　つけましょう。

ア（○）二人の　話を　聞いて　うれしかったから。

イ（　）二人の　話が　おもしろかったから。

ウ（　）二人の　話を　聞いて　かなしかったから。

たしかめのテスト① 36~37ページ

きつねの　おきゃくさま　～　言葉の　ひろば③　うれしく　なる　言葉

文しょうを　読んで、答えましょう。　思考・判断・表現

ひよこと　あひるが　夏の　うたなんか　うたいながら　あるいて　いると、やせた　うさぎが　やって　きたとさ。

「やあ、ひよこと　あひる。どこかに　いい　すみかは　ないかなあ。こまってるんだ。」

「あるわよ。きつねお兄ちゃんちよ。あたしたちと　いっしょに　行きましょ。」

「きつねだって？　とうんでもない。がぶりと　やられるぜ。」

「ううん。きつねお兄ちゃんは、かみさまみたいなんだよ。」

それを　かげで　聞いた　きつねは、うっとりして、きぜつしそうに　なったとさ。

そこで、きつねは、ひよこと　あひると　うさぎを、そうとも、かみさまみたいに　そだてた。そして、三人が　「かみさまみたいな　お兄ちゃん」の　話を　して　いると、ぼうっと　なった。

うさぎも、まるまる　太って　きたぜ。

ある　日。くろくも山の　おおかみが　下りて　きたとさ。

「こりゃ、うまそうな　においだねえ。ふん　ふん、ひよこに、あひるに、うさぎだな。」

「いや、まだ　いるぞ。きつねが　いるぞ。」

言うなり、きつねは　とび出した。

きつねの　からだに、ゆうきが　りんりんと　わいた。

おお、たたかったとも、たたかったとも。

あまん　きみこ「きつねの　おきゃくさま」より

❶ よく出る　「あたしたち」とは、だれと　だれですか。　一つ10点（20点）

（ひよこ）と（あひる）。

※順番はちがっていてもよい。

❷ よく出る　「きつねだって？　とうんでもない。」と　ありますが、うさぎが　こう　言ったのは　なぜですか。一つに　○を　つけましょう。　10点

ア（○）きつねに　たべられると　思うから。

イ（　）きつねは　とても　やさしいと　思うから。

ウ（　）きつねの　すみかは　とおいから。

❸ 「かみさまみたいなんだよ。」と　いう　言葉を、きつねは　どこで　聞いて　いましたか。　10点

かげ

❹ 「かみさまみたいなんだよ。」と　いう　言葉を　聞いて、きつねは　どう　なりましたか。　20点

（れい　うっとりして、きぜつしそうになった。）

❺ できたらスゴイ！　「うさぎも、まるまる　太って　きたぜ。」と　いう　言い方から　わかる　ことは　どれですか。一つに　○を　つけましょう。　20点

ア（　）きつねと　同じ　ものを　たべたので、うさぎが　きつねのように　なった。

イ（○）ひよこや　あひるも　きつねに　たべさせて　もらい　太って　いる。

ウ（　）ひよこや　あひるを　たべた　時と　同じで　そろそろ　たべられそうだ。

❻ 考えを書こう　きつねが、おおかみと　たたかったのは、なぜだと　あなたは　思いますか。　20点

（れい　みんなが自分をほめてくれるので、みんなをまもらないといけないと思ったから。）

れんしゅう②

❶ ひよこがあひると出会った場面です。きつねはそのやりとりをかげで聞いています。

❷ あひるに「いい　すみか」はないかと相談されたひよこが、9行目で「きつねお兄ちゃんち」と答えています。

❸ 「がぶりと　やられるよ。」と言うあひるに対し、ひよこは「ううん」と答えています。首を（横に）ふるのは、否定したり拒否したりする時の動作であることもおさえましょう。

❹ 「とっても　親切」と言われたきつねは、20行目で、「うっとりした」とあることから考えます。

❺ ❹で見たように、きつねは「親切」と言われるとうれしくなっています。ここでもうれしくて「ぼうっと」なっていることを確認しましょう。

たしかめのテスト①

❶ うさぎが「やあ、ひよこと　あひる。」と言っていることから判断しましょう。

❷ 直後に「がぶりと　やられるぜ。」とあります。うさぎは食べられてしまうことを心配しているのです。

❸ ❹ 12～13行目に着目しましょう。

❺ 「うさぎも」とあることから考えます。「も」はほかにも同様のものがあることを表しています。先にきつねのうちに住み始めたひよこやあひるが太っており、加えてうさぎも太ってきたことがわかります。

❻ きつねは、「かみさまみたい」と言われたのがうれしかったので守ってやろうと思ったことをまとめましょう。きつねとひよこ、あひる、うさぎの関係性を正しくとらえ、守りたいという気持ちが書ければ正答です。

れい ２　ひよこ、あひる、うさぎを大切に思うようになり、まもりたいと思ったから。

おうちのかたへ

物語で、登場人物の気持ちを読み取る時は、言葉（会話文）とともに、動作を表す表現にも注目しましょう。とくに、ある言葉や動作を繰り返す時、その人物の気持ちが表れることが多くあります。

なしかめのテスト② 38~39ページ

きつねの　おきゃくさま ～ 言葉の　ひろば③　うれしく　なる　言葉

1 □に読みがなを書きましょう。　一つ4点(32点)

① 目を合わせる。（あ）
② 元にもどる。（もと）
③ 太よう（たい）
④ さん考書（こうしょ）
⑤ 中心（ちゅうしん）
⑥ よい行い。（おこな）
⑦ 才のうがある。（さい）
⑧ 楽をする。（らく）

2 □に漢字を書きましょう。　一つ4点(32点)

① 考えて話す。
② ほう丸なげ
③ 大切
④ 入場口
⑤ 楽しいとき。
⑥ 合計する
⑦ 十時すぎ
⑧ 元気が出る。

3 正しいいみに○をつけましょう。　一つ4点(8点)

① しずかにつぶやく。
ア（○）小さな声でひとりごとを言う。
イ（　）はっきりと話す。

② ありのすみかを見つける。
ア（○）すんでいるところ。
イ（　）となりのいえ。

4 うれしくなる言葉について、合うもの一つに○をつけましょう。　8点

ア（　）できるだけみじかい言葉で言うとよい。
イ（　）「だいじょうぶ」はうれしくなる言葉ではない。
ウ（○）気持ちがつたわるようにくふうするとよい。
エ（　）うれしくなってほしいと思っていないと言えない。

5 思考・判断・表現　今までだれかに言われてうれしかった言葉を書きましょう。　一つ5点(20点)

① どんな時に　（れい）こくばんをきれいにした時。
② だれから　（れい）先生
③ どんな言葉　（れい）ありがとう。
④ どう思ったか　（れい）よいことをした気もちになりました。

じゅんび 40~41ページ

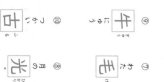

話したいな、聞きたいな、夏休みのこと／てんとうむし／漢字のひろば③　……

かきトリ 新しい漢字　教科書96ページ

組　新　牛　鳥　市　弓
毛　電　矢　古　門　光

1 □に読みがなを書きましょう。

① 足を組む。（く）
② 新学年（しん）
③ 子牛（こうし）
④ 日光（にっこう）
⑤ 学校の門。（もん）
⑥ 組しき（そ）
⑦ 古い本。（ふる）
⑧ 毛ふをかける。（もう）

2 □に漢字を書きましょう。

① 二人組
② 新しい年。
③ 小鳥
④ 市場へ行く。
⑤ 弓矢
⑥ 電気
⑦ わた毛
⑧ 月の光。
⑨ 牛にゅう
⑩ つかい古す。

話したいな、聞きたいな、夏休みのこと

3 夏休みのできごとをみんなに話す時、「中」の部分で話すのはどれですか。一つに○をつけましょう。

ア（　）これから話すこと。
イ（○）したこと・かんじたこと・思ったこと。
ウ（　）おわりの言葉。

二つの漢字でできている言葉

4 つぎの上下の漢字を線でつないで言葉を作り、できた言葉をすべて□に書きましょう。

公　小　早　馬
車　朝　川　園

（公園）（小川）
（早朝）（馬車）
※順番はちがっていてもよい。

---

3 ①「つぶやく」とは、小さな声で独り言を言うことです。つぶやくときの音量を声に出しながら考えると、より想像しやすくなります。
②「すみか」とは、住んでいる所という意味です。

4 うれしくなる言葉は、相手に元気ややる気をあたえます。どのようにすれば相手に気持ちが伝わるかを考え、状況に合わせて具体的に表現したり、言葉を付け加えたりするとよいでしょう。自分でも意識しないうちに、うれしくなる言葉を言っている場合もあります。

5 今までだれかに言われてうれしかった言葉を思い出して書きましょう。「どう思ったか」は、単に「うれしくなった」ではなく、どんな気持ちになったかや、その時思ったことを具体的に書けていれば正答とします。

れい2　①てつぼうのれんしゅうをしていた時。
②友だち
③たくさんれんしゅうしていてすごいね。
④もっとがんばろうとやる気がでました。

3 夏休みのできごとをみんなに話す時は、「これから話すこと」、「したこと・思ったこと」、「おわりの言葉」の順に話します。中の「したこと・かんじたこと・思ったこと」は、できごとやしたことばかりにならないように注意します。メモを作ってまとめ、写真や絵を見せながら話すとより伝わりやすくなるでしょう。

4 二つ以上の漢字が結びついて、一つの意味を表す言葉を「熟語」といいます。熟語の学習では、二つの漢字の意味やつながり方を考えてみましょう。「公園」は「公の園」、「小川」は「小さい川」、「馬車」は「馬で動く車」で、どれも上の字と下の字が「どのような」―「何」の関係になっています。「早朝」は「早い朝」、

たしかめのテスト　42~43ページ

話したいな、聞きたいな、夏休みのこと ～ 漢字のひろば③　二つの漢字でできてい……

1 しを読んで、答えましょう。　思考・判断・表現

てんとうむし　かわさき　ひろし

いっぴきでも
てんとうむしだよ
ちいさくても
ぞうと　おなじ　いのちを
いっこ　もっている
ぼくを　みつけたら
こんにちはって　いってね
そしたら　ぼくも
てんとうむしの　ことばで
こんにちはって　いうから
きみには　きこえないけど

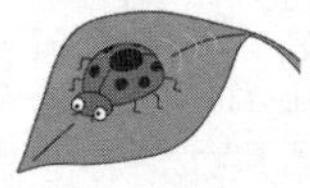

(1)「もっている」とありますが、何をもっているのですか。（いのち）10点

(2)「ぼく」とはだれのことですか。（てんとうむし）10点

(3)「こんにちはって　いってね」はどのように読むとよいですか。一つに○をつけましょう。10点
ア（　）かなしそうに
イ（　）おこったように
ウ（○）おねがいするように

2 □に読みがなを書きましょう。一つ5点(20点)
① つかい　古す。（ふる）
② ガラスが　光る。（ひか）
③ 新たな気持ち。（あら）
④ 弓矢（ゆみや）

3 □に漢字を書きましょう。一つ5点(20点)
① 水鳥（みずとり）
② 市町村（しちょうそん）
③ いえの　門。
④ 電車（でんしゃ）

4 つぎの言葉のいみを考えて書きましょう。一つ5点(10点)
① 海水〔海の水〕
② 左右〔左と右〕

5 つぎの言葉のいみを考えて、二つの漢字でできた言葉を書きましょう。一つ5点(10点)
① 白い馬　白馬
② 休みの日　休日

6 思考・判断・表現　二つの漢字を組み合わせてできた言葉と、そのいみを書きましょう。完答10点
れい　小鳥〔小さな鳥。〕

じゅんび　44~45ページ

わにのおじいさんのたからもの／言葉のひろば④　はんたいのいみの言葉、にたいみ……

かきトリ　新しい漢字

漢字	頭	野	体	半	長	顔	紙
ページ	教科書105ページ	106ページ	106ページ	107ページ	107ページ	109ページ	111ページ
画数	16かく	11かく	7かく	5かく	8かく	18かく	10かく

漢字	谷	岩	強	弱	細
ページ	111ページ	111ページ	118ページ	118ページ	118ページ
画数	7かく	8かく	11かく	10かく	11かく

1 □に読みがなを書きましょう。
① 顔をあげる。（かお）
② 月の　半ば。（なか）
③ 頭をかく。（あたま）
④ 野草　をつむ。（やそう）

2 □に漢字を書きましょう。
① 長い糸。
② 紙に書く。
③ かぜが強い。
④ 力が弱い。

3 正しいいみを、□からえらんで、記号を書きましょう。（わにのおじいさんのたからもの）
①（ア）雨がぜんぜんふらない。
②（ウ）びょうきがすっかりよくなる。
③（イ）とつぜんのことに目を丸くする。

ア　まったく。
イ　おどろいて目を大きくひらく。
ウ　かんぜんに。

4 はんたいのいみの言葉を、――線でつなぎましょう。（はんたいのいみの言葉、にたいみの言葉）
① 上 ―― 下
② 高い ―― ひくい
③ おもて ―― うら
④ かつ ―― まける

3分でワンポイント　登場人物の考えや気持ちをそうぞうしよう。（わにのおじいさんのたからもの）

★①～③に合うおにの子やわにのおじいさんの気持ちを、□の中からえらんで、記号を書きましょう。

①（ウ）	おにの子	おにの子がわにをしげしげとながめたとき。
②（イ）	わにのおじいさん	わにがおにの子に「はっぱをこんなにたくさんかけてくれた」と言ったとき。
③（ア）	おにの子	岩場に立ったおにの子が夕やけを見て目を丸くしたとき。

ア　びっくり
イ　うれしい
ウ　きょうみがわく

---

1 (1)4行目に「ぞうと　おなじ　いのちを」とあります。
(2)8～9行目に「ぼくも／てんとうむしの　ことばで」とあることから、「ぼく」とはてんとうむしだと分かります。
(3)詩全体の内容から、てんとうむしの気持ちに合う読み方を考えます。すると、「かなしそうに」「おこったように」読むのはおかしいと分かります。

4 漢字の読み方と意味をもとに、二つの漢字のつながり方を考えてみましょう。
①「海水」は上の字が「～の」を表し、下の字を説明しています。
②「左右」は「左」と「右」の反対の意味を持つ二つの漢字を並べています。

5 熟語の意味を考える時は、一つ一つの漢字の意味だけでなく、組み合わさった漢字どうしがどのような関係になっているかを考えましょう。「白馬」「休日」は、どちらも上の漢字が下の漢字の意味を説明する組み立てになっています。

6 「小鳥」は上の字が下の字を説明しています。ほかにも、
れい2　右手　右の手。
など、上の字が「～の」を表す組み合わせにしてもよいでしょう。熟語とその意味が正しければ正答とします。

3 ①「ぜんぜん」は後に「～ない」などの打ち消しの言葉をともなって、「まったく～ない」という意味を表します。
②「すっかり」は残るものがないさまをいい、完全に、といった意味です。
③「目を丸くする」はおどろいて目を大きく見開く様子を表す慣用表現です。こうした表現を知っておくと、登場人物の気持ちを想像するのに役立ちます。

4 ふだん使っている言葉を、反対の意味になる組みに分類しましょう。ほかにも、どういった言葉どうしが反対の意味の関係になるか、考えてみましょう。

3分でワンポイント
「わにのおじいさんのたからもの（かわさき　ひろし）」について、それぞれの場面での、おにの子とわにのおじいさんの行動、様子、会話に気をつけて読み、考えや気持ちを想像しましょう。

れんしゅう　46~47ページ

わにのおじいさんのたからもの

文しょうを読んで、答えましょう。

へびもかえるも、土の中にもぐりました。からすが、さむそうにないています。

ある、天気のいい日に、ぼうしをかぶったおにの子は、川岸をあるいていて、水ぎわでねむっているわにに出会いました。

わにを見るのは生まれてはじめてなので、おにの子は、そばにしゃがんで、しげしげとながめました。

そうとう年をとっていて、はなの頭からしっぽの先まで、しわしわくちゃくちゃです。

人間でいえば、百三十さいくらいのかんじ。

わには、ぜんぜんうごきません。

しんでいるのかもしれない――と、おにの子は思いました。

「わにのおじいさん。」

とよんでみました。

わには、目をつぶり、じっとしたまま。

あ、おじいさんでなくて、おばあさんなのかもしれない――と思いました。

「わにのおばあさん。」

やっぱり、わにはぴくりともうごきません。

しんだんだ――と、おにの子は思いました。

かわさき ひろし「わにのおじいさんのたからもの」より

1 おにの子とわにが出会ったのはいつですか。一つに○をつけましょう。

ア（　）春
イ（　）夏
ウ（○）冬

2 おにの子は、わにとどこで出会いましたか。

川岸

ヒント　はじめの部分をよく読もう。

3 「しげしげとながめました。」とありますが、この時、おにの子はどんな気持ちでしたか。一つに○をつけましょう。

ア（　）わにを生まれてはじめて見て、こわがる気持ち。
イ（　）わにを生まれてはじめて見るので、きんちょうする気持ち。
ウ（○）わにを生まれてはじめて見るので、きょうみがわく気持ち。

4 「わには、ぜんぜんうごきません。」とありますが、わにのその様子を見て、おにの子は、どう思いましたか。□に合う言葉を書きぬきましょう。

しんでいるのかもしれないと思った。

5 おにの子が「わにのおばあさん。」と言ったのはなぜですか。□に合う言葉を書きぬきましょう。

おじいさんではなくて、おばあさんなのかもしれないと思ったから。

ヒント　前の部分をよく読もう。

たしかめのテスト①　48~49ページ

わにのおじいさんのたからもの／言葉のひろば④　はんたいのいみの言葉、にたいみ……

文しょうを読んで、答えましょう。　思考・判断・表現

「きみに、わしのたからものをあげよう。うん、そうしよう。これで、わしも心おきなくあのよへ行ける。」

わにのおじいさんのせなかのしわが、じつは、たからもののかくし場所を記した地図になっていたのです。

わにのおじいさんに言われて、おにの子は、おじいさんのせなかのしわ地図を、しわのない紙に書きうつしました。

「では、行っておいで。わしは、このはっぱのふとんでもうひとねむりする。たからものってどういうものか、きみの目でたしかめるといい。」

そう言って、わにのおじいさんは目をつぶりました。

おにの子は、地図を見ながら、とうげをこえ、けもの道をよこぎり、つりばしをわたり、谷川にそって上り、岩あなをくぐりぬけ、森の中で何度も道にまよいそうになりながら、やっと地図の×じるしの場所へたどりつきました。

そこは、切り立つようながけの上の岩場でした。

そこに立った時、おにの子は目を丸くしました。口で言えないほどうつくしい夕やけが、いっぱいにひろがっていたのです。

思わず、おにの子はぼうしをとりました。

これがたからものなのだ――と、おにの子はうなずきました。

かわさき ひろし「わにのおじいさんのたからもの」より

よく出る

1 わにのおじいさんは、おにの子に何をあげると言いましたか。（10点）

（（自分の）たからもの。）

よく出る

2 「おじいさんのせなかのしわ地図」には、何が記されていましたか。（10点）

（れい　たからもののかくし場所。）

3 「地図の×じるしの場所へたどりつきました。」とありますが、おにの子はどのようにして、この場所にたどりついたのですか。一つに○をつけましょう。（20点）

ア（○）たいへんな目にあいながら、たどりついた。
イ（　）思っていたより、かんたんにたどりついた。
ウ（　）だれかにたすけてもらって、たどりついた。

できたらスゴイ！

4 おにの子がたどりついた場所はどこでしたか。□に合う言葉を書きぬきましょう。（20点）

切り立つようながけの上の岩場。

5 「おにの子は目を丸くしました。」とありますが、ここからおにの子のどんな気持ちがわかりますか。一つに○をつけましょう。（20点）

ア（　）たからものをひとりじめして、もうしわけない気持ち。
イ（　）たからものを見つけたので、やっとかえるとほっとする気持ち。
ウ（○）すばらしいたからものを見て、おどろく気持ち。

考えを書こう

6 おにの子にとっての「たからもの」とは、どんなものだと思いますか。考えて書きましょう。（20点）

（れい　大きなかんどうをくれるもの。）

れんしゅう

1 1～2行目に、「へびもかえるも、土の中にもぐりました」とあり、冬になって冬眠したことが分かります。からすが「さむそうに」ないていることにも着目しましょう。

2 6行目におにの子がどこを歩いていたかが書かれています。

3 「しげしげと」は目をこらしてよく見る様子です。興味がわいてよく観察している様子が当てはまります。

4 直後の一文に注目しましょう。

5 13～17行目の内容に着目しましょう。「そうとう年をとって」いるわにを見て、おにの子はわにをおじいさんだと思い、呼びかけてみました。ところが、返事がないので、おばあさんなのかもしれないと思ったのです。

たしかめのテスト①

1 冒頭の会話文は、わにのおじいさんがおにの子に言ったものです。

2 5～8行目に、地図に何が記されているかが書かれています。

3 「たどりつく」は、苦労をして、やっと目的の場所へ着くという意味です。20～23行目に、おにの子が一人で地図を見ながら、さまざまな場所を通ってきたことが書かれています。

4 25行目に、地図の×の場所が、どのようなところだったかが示されています。

5 おにの子は目を丸くしておどろくほどうつくしい夕やけを見て、これがわにのおじいさんのたからものだと思ったのです。

6 「口で言えないほどうつくしい夕やけ」をわにのおじいさんのたからものだと思ったことからおにの子の価値観を想像して書きましょう。おにの子の感激や、うつくしいものに対する気持ちが書けていれば正答とします。

れい2 うつくしいものを見るけいけん。

おうちのかたへ

問題を解く時は、問題文に示された条件をよく確かめましょう。

「一つに○をつけましょう。」と書かれているのに二つ○をつけてしまうと、たとえ一つは正解だとしても、×になることがあります。

たしかめのテスト② 50~51ページ

わにのおじいさんのたからもの／言葉のひろば④ はんたいのいみの言葉、にたいみ……

1 （　）に読みがなを書きましょう。 一つ3点(24点)

① 紙をおる。（かみ）
② 谷そこにおちる。（たに）
③ 体そう（たい）
④ 頭上を見上げる。（ずじょう）
⑤ 細かくきざむ。（こま）
⑥ 野はらをあるく。（の）
⑦ 細長いかたち。（ほそなが）
⑧ 半分に切る。（はんぶん）

2 □に漢字を書きましょう。 一つ3点(24点)

① 野きゅう
② 頭がいたむ。
③ 大きな岩。
④ 体をきたえる。
⑤ 強弱
⑥ 顔をあらう。
⑦ 画よう紙
⑧ 校長先生

3 はんたいのいみの言葉を、——線でつなぎましょう。 一つ2点(10点)

① ふかい　② たて　③ あける　④ 近い　⑤ はじめ
よこ　とおい　あさい　おわり　とじる

4 つぎのはんたいのいみの言葉を書きましょう。 一つ5点(15点)

① 右 —（左）
② うれしい —（れい かなしい）
③ 出る —（入る）

5 ——線の言葉と、にたいみの言葉を、□からえらんで、書きましょう。 一つ5点(15点)

① れきしにかんする図書。（本）
② 漢字をおそわる。（ならう）
③ おそろしい目でにらむ。（こわい）

ならう　こわい　本

6 にたいみの言葉を、□からえらんで、書きましょう。 一つ3点(12点)

① おこる（はらが立つ）
② いさましい（ゆうかんだ）
③ お母さん（母親）
④ とびら（ドア）

母親　ゆうかんだ　ドア　はらが立つ

3 反対の意味の言葉は、どんな仲間の言葉か考えながら答えましょう。
①「ふかい」「あさい」は深さを表します。
②「たて」「よこ」は方向を表します。
③「あける」「とじる」は動作を表します。
④「近い」「とおい」は距離を表します。
⑤「はじめ」「おわり」は段階を表します。

4 反対の意味の言葉（反対語）は一つとは限りません。文中で使われた言葉の反対語を問われた場合は、その文中で使われている意味を考え、その反対語を答える必要があることを覚えておきましょう。

5 ①「図書」の類義語は、ほかに「書物」「書籍」があります。

6 似た意味の言葉（類義語）の知識を増やすには、同じ意味の文でも、いろいろな言い方（書き方）があることを意識して、多くの言葉にふれることが大切です。似た意味の言葉を考える時は、ほかに言いかえることができる言葉がないか探してみましょう。
①「はらが立つ」は、「いかりを感じておこる」という意味の慣用句（二つ以上の単語が組み合わさって特別な意味を表すもの）です。
②「勇敢だ」と「勇ましい」は同じ漢字を使っていることからも似た意味であると分かります。
④「ドア」は、「とびら」を表す外来語です。

じゅんび 52~53ページ

町の「すてき」をつたえます

かきトリ 新しい漢字
教科書120ページ 科（9かく）　121ページ 室（9かく）　122ページ 理（11かく）　123ページ 知（8かく）

1 □に読みがなを書きましょう。

① 生活科（せいかつか）
② 休む理由。（り）
③ しちょうかく室（しつ）
④ 大人と子ども。（おとな）

2 □に漢字を書きましょう。

① ものごとを知る。
② 理科のじっけん。
③ 前田さんは、母の知人だ。
④ ほけん室に行く。

3 町たんけんしたことを文章に書く時に大切なこととして、合うもの一つに○をつけましょう。

ア（○）見つけたことや、聞いたことは、たんけんしたじゅんに書く。
イ（　）行った場所をえらんだ理由は、書かなくてもよい。
ウ（　）思ったことは「はじめ」に書く。

4 つぎの文の□に合う言葉を、あとの□からえらんで、記号を書きましょう。（同じ記号は二回つかえません。）

きょうは、やさいいためを作ります。①ウ、やさいを切ります。②ア、切ったやさいをフライパンでいためながら、しおとこしょうをふります。③イ、きれいにおさらにもりつけてみましょう。

ア つぎに　イ さいごに　ウ はじめに

5 理由をあらわす言い方に——線をひきましょう。

わたしは、かんごしになりたいです。どうしてかというと、けがやびょうきをした人をたすけたいからです。

6 つぎの文を、「～そうです。」という言葉をつかって、書きなおしましょう。

山田さんが、「ここは、図書館です。」とおしえてくれました。

（れい）ここは、図書館だそうです。

3 町探検したことを文章に書く時は、見つけたことや聞いたことを順番に書きましょう。行った場所を選んだ理由ははじめに、思ったことは最後に書きます。

4 「はじめに」「つぎに」「さいごに」という言葉を使って話したり文章を書いたりすると、順序が分かりやすくなります。

5 理由を述べるときには「どうしてかというと、～からです。」と表現することをおさえましょう。

6 人から聞いたことを書く時は、「～そうです。」や「～ということでした。」などの言い方を用います。

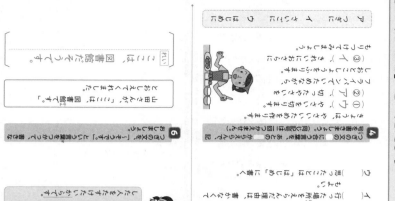

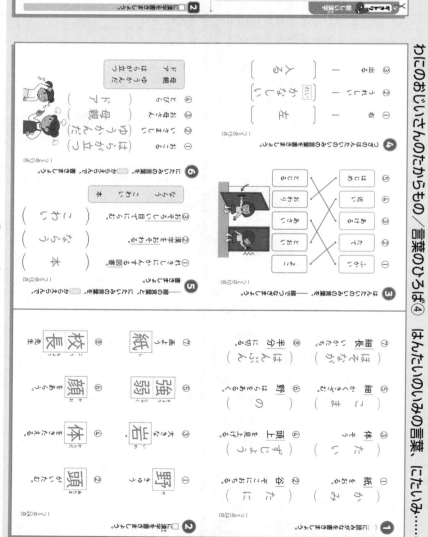

たしかめのテスト　54~55ページ
町の「すてき」をつたえます

1 文章を読んで、答えましょう。　思考・判断・表現

わたしは、生活科の時間に、町たんけんで行った、とうぶ図書館のことについてしょうかいします。どうしてかというと、わたしは、本を読むのが大すきで、図書館のことをくわしく知りたかったからです。

図書館につくと、はじめに、二かいのしちょうかく室に行きました。図書館のかたが、わたしたちのしつもんに答えてくれました。図書館の本の数は、十二万八千さつぐらいだそうです。とうぶ図書館ではたらいている人の数は、二十七人だとおしえてもらいました。

つぎに、大人の本をおいているへやに行きました。そこには、パソコンでしごとをするための場所もありました。自分のパソコンをもってきて、そこでしごとをするということでした。

さいごに、一かいに行きました。一かいには、古い本や、とうぶ図書館に何さつもある本をしまってあるへやがありました。きゅうけい室もありました。きゅうけい室には、図書館の本をもちこんではいけないそうです。きゅうけい室に自動はんばいきがあったので、すこしおどろきました。

ながやらく「とうぶ図書館の『すてき』」「町の『すてき』をつたえます」より

よく出る
(1) 行き先にとうぶ図書館をえらんだわけを、つぎの中からえらんで、一つに○をつけましょう。 10点
ア（　）ふだんから図書館によく行くので、どんなところかくわしく知っているから。
イ（　）生活科の時間に、図書館のことを本でくわしくしらべたから。
ウ（○）本を読むのが大すきで、図書館のことをくわしく知りたかったから。

(2) 図書館につくと、はじめにどこへ行きましたか。 10点
（二かいの）しちょうかく室

できたらスゴイ！
(3) 図書館のかたに、どんなことをしつもんしたと考えられますか。二つ書きましょう。 一つ10点（20点）
れい　本は何さつありますか。
れい　はたらいている人は何人いますか。

(4) 「すこしおどろきました。」とありますが、どんなことにおどろいたのですか。 20点
れい　きゅうけい室に自動はんばいきがあったこと。

考えを書こう
(5) あなたは、町たんけんをするなら、どこに行きたいですか。理由とあわせて書きましょう。 20点
れい　わたしは、ゆうびんきょくに行きたいです。どうしてかというと、手紙がどのようにしてとどくのか知りたいからです。

2 （　）に読みがなを書きましょう。 一つ5点（10点）
① 室内（しつない）であそぶ。
② 本を読んで知（ち）しきをえる。

3 □に漢字を書きましょう。 一つ5点（10点）
① りょう（理）を手つだう。
② とくいな（科）（目）。

じゅんび　56~57ページ
さけが大きくなるまで／この間に何があった？

かきトリ！ 新しい漢字

北（ホク・きた）5かく　魚（ギョ・うお・さかな）11かく　秋（シュウ・あき）9かく　冬（トウ・ふゆ）5かく　広（コウ・ひろい）5かく　食（ショク・たべる）9かく　帰（キ・かえる）10かく
東（トウ・ひがし）8かく　西（セイ・サイ・にし）6かく　南（ナン・みなみ）9かく

「食」の八画目と九画目は、「人」にならないように書こう。

1 （　）に読みがなを書きましょう。
① 魚（さかな）をやく。
② いえに帰（かえ）る。
③ 春夏秋冬（しゅんかしゅうとう）
④ 東西南北（とうざいなんぼく）

2 □に漢字を書きましょう。
① （食）べもの
② （広）いにわ。
③ （帰）（国）
④ （秋）にさく花。

さけが大きくなるまで
3 正しいいみを、□からえらんで、記号を書きましょう。
① サッカーボールをいきおいよくける。（ウ）
② うんどう場にくぼみができる。（エ）
③ 妹はせい長して、体がしっかりしてきた。（ア）
④ いよいよ、えん足の日がやってきた。（イ）

ア　体がけんこうな様子。
イ　とうとう。
ウ　元気よく。
エ　へこんでいるところ。

この間に何があった？
4 二まいのしゃしんの間に何がおこったかを考える時、どうするとよいですか。一つに○をつけましょう。
ア（○）二まいのしゃしんをくらべてちがうところをさがす。
イ（　）しゃしんがとられた場所をさがす。
ウ（　）あとのしゃしんだけをよく見る。

さけが大きくなるまで
3分でワンポイント　じゅんじょをあらわす言葉をたしかめて書こう。

★さけの様子にあてはまる、時をあらわす言葉を、□からえらんで、（　）に記号を書きましょう。

①（イ）

②（ア）

③（ウ）

ア　冬の間　イ　春になるころ　ウ　秋になるころ

1
(1)えらんだわけを問われているので、理由を表す言葉に注目します。すると、3〜5行目に「どうしてかというと〜からです。」という表現があります。
(2)「はじめに」「つぎに」「さいごに」など、順序を表す言い方に注目して文章を読みましょう。
(3)文章には、実際に質問した言葉は書かれていませんが、図書館の方が答えた内容から、質問の内容を考えます。
れい2・本の数
・はたらいている人の数
と書いても正答です。
(5)行ってみたい場所が書けていて、その理由が適切であれば正答とします。
れい2 わたしは、市やくしょに行きたいです。どうしてかというと、わたしのすむ市のおしごとにはどのようなものがあるかを知りたいからです。
というように、「どうしてかというと、〜からです。」など、理由をはっきりと示す形で答えましょう。

おうちのかたへ
理由を表す言い方は文章の読解においても重要です。「どうしてかというと」「〜から」「なぜなら〜」といった言葉に注意して、登場人物の心情やものごとの因果関係を的確にとらえましょう。

3
①「勢い」は他を圧倒するような活力や元気のことです。
③「しっかり」は、ものごとがかたく強いさまです。人の性質や考えが確かで信用できるさまにも使います。
④「いよいよ」は待ち望んでいたことが実現するさまに使います。「ますます」という意味もあります。

4
二枚の写真の間に何が起こったかを考える時は、まず写真を見比べて何がちがうのかを確かめ、その上で、何が起こったかを想像します。

3分でワンポイント
「さけが大きくなるまで」は、さけが大きくなるまで、いつ、どこで、どのように過ごしているかを順番に説明しています。時を表す言葉とその時のさけの様子に着目して読みましょう。

たしかめのテスト 58~59ページ

さけが大きくなるまで／この間に何があった？

1 文章を読んで、答えましょう。 思考・判断・表現

さけは、北の海にすむ大きな魚です。あの七十センチメートルほどもある魚は、どこで生まれ、どのようにして大きくなったのでしょう。

秋になるころから、大人のさけは、たくさんあつまって、たまごをうみに、海から川へやってきます。そして、いきおいよく川を上ります。三メートルぐらいのたきでものりこえて、川上へ川上へとすすんでいきます。

やがて、水のきれいな川上にたどりつくと、さけは、おびれをふるわせて、すなや小石の川ぞこをほります。ふかさが三十センチメートルぐらいになると、そのくぼみのそこにたまごをたくさんうんで、うめてしまいます。

冬の間に、たまごからさけの赤ちゃんが生まれます。大きさは三センチメートルぐらいです。その時は、おなかに、赤いぐみのみのような、えいようの入ったふくろがついています。やがて、それがなくなって、四センチメートルぐらいの小魚になります。

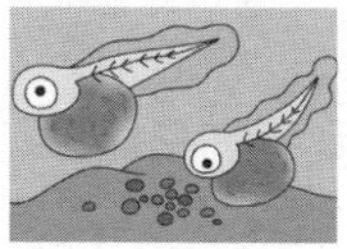

「さけが大きくなるまで」より

(1) さけはどこにすむ魚ですか。 10点
（　北の海　）

よく出る (2) 秋になるころ、大人のさけは、どこからどこへやってきますか。 一つ5点(10点)
（　海　）から（　川　）へ

よく出る (3) (2)のように場所をうつったあと、さけがすることのじゅんになるように、1～4のばんごうを書きましょう。 完答20点
ア（4）ふかさが、三十センチメートルぐらいになると、くぼみにたまごをうんで、うめる。
イ（1）いきおいよく川を上る。
ウ（3）おびれをふるわせて、川ぞこをほる。
エ（2）水のきれいな川上にたどりつく。

すきだなスマイル! (4) 生まれた時、さけの赤ちゃんのおなかには、何がついていますか。 20点
（れい 赤いぐみのみのような、えいようの入ったふくろ。）

考えを書こう (5) (4)で答えたものはどうしてついているのでしょうか。あなたの考えを書きましょう。 25点
（れい 生まれたばかりなので、えさをとることができないから。）

2 つぎの二まいの絵の間に、何がおこったかを考えて、言葉で書いてみましょう。 思考・判断・表現 15点

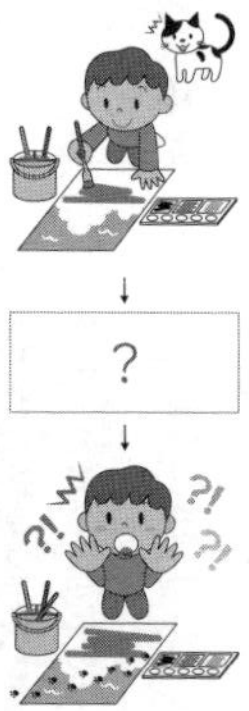

（れい ねこが、絵のぐのさらをふんで、足に絵のぐがついた。そのまま絵の上をあるいたので、絵にくろい足あとがついた。）

じゅんび 60~61ページ

おもしろいもの、見つけたよ／言葉の文化④ 「あいうえお」であそぼう

ガキトリ 新しい漢字　教科書30ページ　少（ショウ／すく-ない・すこ-し）4かく

1 ［　］に読みがなを書きましょう。
① コップの水が 少 ない。（す く）
② ほんの 少数 の人たち。（しょうすう）

2 ［　］に漢字を書きましょう。
① おかしを 少(すこ) しだけ食べる。

おもしろいもの、見つけたよ

3 正しいいみに○をつけましょう。
① おもしろい本をしょうかいする。
ア（○）ものごとを人に知らせること。
イ（　）文章を、声に出して読むこと。
② おたがいの作文を読み合う。
ア（　）とてもなかのよい友だち。
イ（○）自分と相手。

おもしろいもの、見つけたよ

4 ものの様子をつたえる文章を書く時、「中」にはどんなことを書くとよいですか。一つに○をつけましょう。
ア（○）色・形・大きさ
イ（　）思ったこと
ウ（　）見つけたもの

おもしろいもの、見つけたよ

5 つぎの［　］に合う言葉を、あとの［　］からえらんで、書きましょう。
① 毛が長く（ふさふさ）とした犬のしっぽ。
② 赤ちゃんのはだは（すべすべ）している。
③（ぴかぴか）光るコインを見つける。
④ とげがあって、さわると（ちくちく）する。

ぴかぴか　ふさふさ
ちくちく　すべすべ

「あいうえお」であそぼう

6 ［　］につづく言葉を、［　］からえらんで書き、「あいうえお」をつかった文をかんせいさせましょう。
あ（したみんなで）
い（ってみよう）
う（ちゅうへ）
え（ん足）
お（みやげはお星さま）

みやげはお星さま
したみんなで
ん足
ってみよう
ちゅうへ

---

1 (1)1行目に「北の海」と書かれていることに注意しましょう。

(2)時を表す言葉を確認しながら読みましょう。

(3)大人のさけがたまごを生むためにすることを選択肢と照らし合わせながら一文ずつ確認しましょう。

(4)17～22行目にさけの赤ちゃんの大きさや特徴が書かれています。

(5)自然界では、自分でえさをとり、えさから栄養をとらなければ生きていくことができませんが、生まれてすぐはまだそれがうまくできないと考えられます。

れい2 生まれてすぐは自分でえさをとって食べることができないから。

のように書いても正答とします。

おうちのかたへ

問題文で「どこに」と書かれていたら場所を、「何が」と書かれていたらものや事柄を答えます。問題を解く時は、つねに「何を問われているのか」を、はっきりとらえるようにしましょう。

2 れい2 ねこが前足でくろい絵のぐをさわってあそんだ。そのままあるいていったので絵に足あとがついた。

など、二枚の絵を見比べて、間に起こったこととしてつじつまの合う内容であれば正答とします。

4 ものの様子をつたえる文章を書く時は、「はじめ」に見つけたものや見つけた場所を、「中」にさわった感じや色、形、大きさなど見つけたものの様子を、「おわり」に思ったことを書きます。

5 ①「ふさふさ」は、毛や糸などがたくさん集まっている様子です。

②「すべすべ」は、ものの表面がなめらかな様子を表します。

③「ぴかぴか」はつやがあって美しい様子を表します。

④「ちくちく」は、とげなど、とがったものでさしたりついたりする様子を表します。

6 「あいうえお」と語群の言葉を照らし合わせてつなぎ、意味の通る言葉にしましょう。

たしかめのテスト 62~63ページ

おもしろいもの、見つけたよ／言葉の文化④ 「あいうえお」であそぼう

1 文章を読んで、答えましょう。 思考・判断・表現

はじめ

あさひ公園で、ふさふさの上着をきているようなどんぐりのかたいところを見つけました。

どんぐりのかたいところをさわると、すべすべしています。上着のような部分は、少しちくちくします。

中

色は、こげちゃ色です。形は、丸です。だいたい二センチメートルくらいで、おはじきと同じくらいの大きさです。光があたると、ぴかぴか光って見えます。

おわり

上着をきているようなどんぐりは、とてもあたたかそうに見えます。もうすぐ冬だからかなあ、と思いました。

きたはら　だいち「おもしろいもの、見つけたよ」より

よく出る

(1) ふさふさの上着をきているようなどんぐりは、どこで見つかりましたか。 10点

あさひ公園

(2) どんぐりの色と形をそれぞれ書きぬきましょう。 一つ5点(10点)

色（こげちゃ(色)）　形（丸）

(3) どんぐりの大きさを、何とくらべてあらわしていますか。 10点

（おはじき）の大きさ

(4) 上着をきているようなどんぐりを見たら、あなたはどう思いますか。思ったことを書きましょう。 10点

れい ふさふさの上着をきているどんぐりは、おしゃれだなと思いました。

2 に読みがなを書きましょう。 一つ5点(10点)

① 少し早い。（すこ）　② 少女（しょうじょ）

3 □に漢字を書きましょう。 5点

① 少年（しょう ねん）

4 「――と同じくらい」という言葉をつかって、絵の様子がよくつたわる文をかんせいさせましょう。 思考・判断・表現 25点

あさがおのはは、

れい わたしの手のひらと同じくらいの大きさになりました。

5 五文字の言葉をえらび、一文字ずつ□に書きましょう。その言葉をつかった文を作りましょう。 思考・判断・表現 20点

れい

ア お（たんじょうびが）

イ も（うすぐだ）

ウ し（ろくて丸いケーキに）

エ ろ（うそくを立てて）

オ い（っぱい食べたいな）

じゅんび 64~65ページ

ないた赤おに

かきトリ 新しい漢字

家	角	当	戸	首	茶	引	毎	遠	後
カ・いえ	カク・かど・つの	トウ・あたる・あてる	コ・と	シュ・くび	チャ・サ	イン・ひく・ひける	マイ	エン・とおい	ゴ・コウ・のち・うしろ・あと
教科書34ページ 10かく	35ページ 7かく	35ページ 6かく	36ページ 4かく	37ページ 9かく	40ページ 9かく	40ページ 4かく	40ページ 6かく	41ページ 13かく	46ページ 9かく

「角」の上の部分は「々」にならないように気をつけよう。

1 に読みがなを書きましょう。

① 頭に角がある。（つの）　② 家に帰る。（いえ）

③ 本当のこと。（ほんとう）　④ 戸をしめる。（と）

⑤ まとに当てる。（あ）　⑥ かぶを引きぬく。（ひ）

⑦ 遠足（えんそく）　⑧ 後ろに立つ。（うし）

2 □に漢字を書きましょう。

① お茶をのむ。　② 首をまげる。

③ 毎日（まいにち）　④ 遠くを見る。

3 正しいいみを、□からえらんで、記号を書きましょう。

① かれはとんでもないことを言っている。（エ）

② こわくて、いちもくさんににげだした。（イ）

③ すごすごと家に帰ってきた。（ア）

④ うらめしそうに立てふだを見る。（ウ）

ア 元気なく立ちさる様子。
イ いきおいよくすすむ様子。
ウ ざんねんそうに。
エ とても考えられない。

3分でワンポイント

登場人物のしたことや言ったことで、ほかの登場人物がどうかわったかたしかめよう。

★ 赤おにの気持ちを□から一つずつえらんで、記号を書きましょう。

①	②	③
（イ）	（ア）	（ウ）
木こりたちがにげていった時。	村人と友だちになれた時。	青おにのはり紙を読んだ時。

ア たのしい　イ がっかり　ウ かなしい

---

1 (1)見つけたものの様子を伝える文章では、「はじめ」の部分に、見つけたものや見つけた場所を書きます。

(2)文章の「中」の部分に、色や形、大きさなど、気づいたことをくわしく書きます。

(3)「〇〇と同じくらいの…」は、大きさなど比べて言う時に使う言葉です。例を出すことで、様子が伝わりやすくなります。「中」の部分から探しましょう。

(4)どんぐりについて、思ったことや感じたことを自由に書きましょう。

れい2 人間みたいに見えてきてかわいいなと思いました。

など、上着を着ていることを、人間みたいと言うこともできます。

4 指定された言葉を使って、絵の内容に合う文が作ることができれば正答とします。

れい2 わたしの手をかるく広げた時と同じくらいの大きさです。

など、手を広げる動作を書いても正答とします。

5 好きなもの・言葉を使って、文を作りましょう。□に入れる言葉が書けており、下に続く文が意味の通るものであれば正答とします。

れい2 み んなで
さ んどいっちを作ったら
き っとおいしいよ

など、自分の名前を使って作ってもよいでしょう。

3 ①「とんでもない」は、ふつうの程度や常識から大きく外れているという意味の言葉です。

②「いちもくさん（に）」は、わき目もふらずに走る様子を表す言葉です。漢字では「一目散」と書きます。

④「うらめしそうに」は「うらめしい」＝「うらみに思っている、残念に思っている」様子であることを表しています。

3分でワンポイント

「ないた赤おに（はまだ　ひろすけ）」の赤おにと村人、青おにとの関わりによる赤おにの気持ちの変化、赤おにに対しての村人の気持ちの変化を読み取りましょう。

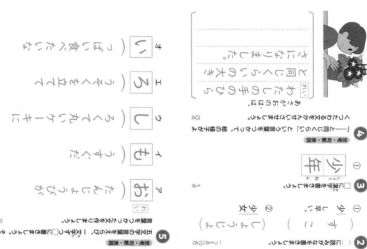

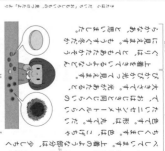

じゅんび　66~67ページ

読書の広場③　「お話びじゅつかん」を作ろう

かきトリ！新しい漢字

教（キョウ・おし-える・おそ-わる）教科書56ページ　11かく

交（コウ・まじ-わる・まじ-える・ま-じる・か-う・か-わす）56ページ　6かく

1 □に読みがなを書きましょう。

①教室（きょうしつ）　②交（こう）代する。

③ひみつを教（おし）える。

④みぶりを交（まじ）えて話す。

2 □に漢字を、□に漢字とひらがなを書きましょう。

①教科書（きょうかしょ）　②交通（こうつう）ルール

③先生に教わる（おそわる）。

④道が交わる（まじわる）。

⑤大人と子どもが交じる（まじる）。

3 「お話びじゅつかん」を作る時に、気をつけることとして、□に合う言葉を書きましょう。

①読んだお話の（心にのこったところ）を絵にかく。

②作った人は（絵）のせつめいをしてもよい。

③見る人は（しつもん）をしてもよい。

④とちゅうで、見る人とせつめいする人のやくわりを（交代）する。

しつもん　絵　心にのこったところ　交代

4 「お話びじゅつかん」の絵につけるカードには、何を書きますか。□の中から一つずつえらんで書きましょう。

①（イ）

②（ウ）

［作者］

③（ア）

ア　自分の名前
イ　絵の題名
ウ　本の題名

たしかめのテスト　68~69ページ

ないた赤おに／読書の広場③　「お話びじゅつかん」を作ろう

文章を読んで、答えましょう。　思考・判断・表現

木こりどもはびっくりしました。

「わっ、たいへんだ。」

「にげろ、にげろ。」

と、かけ出して、二人いっしょに、どんどんと山を下っていきました。

「おうい、しばらくまってくれ。だますんじゃない。本当なんだ。おいしいおかしだ。おいしいお茶だ。」

おには、あとからそう言っておいかけました。けれども、二人はいちもくさんににげて、見えなくなりました。赤おにはがっかりしました。すごすごと、うちの前までもどってきました。そして、自分の立てふだをうらめしそうに見ていましたが、ふと手をかけて、立てふだを引きぬきながら言いました。

「こんなもの、立てておいてもちっともやくに立ちゃしない。毎日、毎日、お茶をわかしていても、だれもあそびにきはしない。いまいましいな。」

そうつぶやいて、赤おには立てふだをふみつけました。いたがバリバリわれました。立てふだのくいをポキンとおりました。おにはむしゃくしゃしていました。

ちょうどその時、一人のおきゃくがやってきました。おきゃくといっても、人間のおきゃくさまではありません。なかまのおにで、足のうらまで青いという青おになのでありました。その青おには、その日の朝に、遠い遠い山の方からうちを出て、あそびにきたのでありました。

「どうしたんだい。手あらいことをして。」

と、青おにはそばから声をかけました。

はまだ　ひろすけ「ないた赤おに」より

1 「にげろ、にげろ。」と、木こりたちがにげてしまったのはなぜですか。一つに○をつけましょう。（20点）

ア（　）赤おににおどかされたから。

イ（○）赤おにが、ごちそうで木こりたちをだまそうとしていると思ったから。

ウ（　）赤おにがおそろしいぶきをもっていたから。

よく出る

2 木こりがにげていくのを見て、赤おにはどう思いましたか。（20点）

（がっかり）した。

できたらスゴイ！

3 「立てておいてもちっともやくに立ちゃしない。」と赤おにが言うのは、なぜですか。（20点）

れい　毎日おかしとお茶をよういしてまっていても、だれもあそびにこないから。

4 「一人のおきゃく」とありますが、どこからきた、だれですか。（一つ5点（10点））

どこ（遠い遠い山の方）

だれ（青おに）

5 「手あらいこと」とは、どんなことですか。一つに○をつけましょう。（10点）

ア（　）赤おにが、ひとり言をつぶやいたこと。

イ（　）赤おにが、おかしをこしらえて、お茶をわかしていたこと。

ウ（○）赤おにが、立てふだをふみつけ、くいをおったこと。

考えを書こう

6 あなたが村人だったら、赤おにと出会った時、どうすると思いますか。（20点）

れい　わるいおにかどうか分からないので、話してみる。

---

3 ①「お話びじゅつかん」で絵にかいてお話をしょうかいする時は、最も自分の心にのこったところを絵にかきます。

②絵の説明をする人は、お話のあらすじやおもしろいと思ったところを説明します。

③見る人は知りたいことを質問しましょう。

④見る人と、絵の説明をする人の役割を、途中で交代するとよいでしょう。

4 「お話びじゅつかん」の絵につけるカードには、絵の題名、本の題名、作者、自分の名前の順に記します。

1 6～7行目にある赤おにの会話文に、「だますんじゃない。本当なんだ。」とあることから考えましょう。

2 木こりがいちもくさんににげて、見えなくなった時の赤おにの様子は、11～12行目に書かれています。

3 直後に着目しましょう。なぜ役に立たないと思っているかが書かれています。

4 人間のお客様ではなく、どのようなお客様なのかが、28～31行目で説明されています。

6 自分ならどうするか書けていれば正答とします。

れい2　わるいおにかもしれないので、にげる。

といった答えもよいでしょう。

おうちのかたへ

物語文で問われやすいのは、心情の変化です。登場人物の行動やその理由を、順番を整理しながら読み進めるとよいでしょう。心情が変化する時には、必ず理由・原因があります。

じゅんび　70~71ページ

「クラスお楽しみ会」をひらこう／みじかい言葉で／漢字の広場④　漢字のつかい方と……

新しい漢字

多　晴　社　歩　売　計　肉　船

「船」の二画めははらうよ。

1 □に読みがなを書きましょう。
① 晴天（せいてん）がつづく。　② 海まで歩（ある）く。
③ 本を売（う）る。　④ 計算（けいさん）する。

2 □に漢字を書きましょう。
① 会社に行く。　② 肉を食べる。
③ 船にのる。　④ 数が多い。

3 □の中に入る言葉を、□の中からえらんで、記号を書きましょう。
① はるたさんは、（ウ）、水ぞくかんに行きたいと思うの（ア）。
② 水ぞくかんは、いろいろな魚を見ることができて、雨の日でも楽しめる（イ）。
③ 雨の日でも楽しめるのは、いいですね。
ア ですか　イ からです　ウ どうして

4 「クラスお楽しみ会」でするあそびについて、グループで話し合うじゅんに、1～4のばんごうを書きましょう。
（4）友だちの話を聞き、もっと知りたいことやわからないことを、しつもんする。
（2）考えたあそびとその理由をカードに書く。
（3）カードをつかって、したい理由を話す。
（1）一人ずつ、やりたいあそびを考える。

5 絵を見て、かんじたことをあらわす言葉を□からえらんで、記号を書きましょう。

（エ）（ア）（イ）（ウ）
ア たのしい　イ かなしい　ウ がっかり　エ びっくり

6 ①～⑤の□に読み方を書きましょう。
空：①（くう）気　②（そら）色　③（から）っぽ　④（あ）く　⑤（あ）ける

3 「どうして～ですか。」「～からです。」は、理由をきく時や、答える時に使う言葉です。グループで話し合いをする時は、自分の考えや意見が伝わるように、分かりやすく理由をそえて話します。他の人の発言もよく聞き、分からないことがあれば質問します。

5 気持ちを表す言葉にはどんなものがあるかを確認して、気づいたことや、自分の気持ちを表現できるようにしましょう。

6 「空」の音読みは「クウ」だけですが、訓読みは「そら」「あ（く）」「あ（ける）」「から」の四つがあります。読み方を覚えるだけでなく、送りがなも正しく書けるようにしましょう。

たしかめのテスト　72~73ページ

「クラスお楽しみ会」をひらこう ～ 漢字の広場④　漢字のつかい方と読み方

1 （　）に読みがなを書きましょう。　一つ3点（24点）
① 売（ばい）店　② 空が晴（は）れる。
③ 歩行（ほこう）　④ 船（ふね）で行く。
⑤ 計算（けいさん）をする。　⑥ 船（ふな）たびに出る。
⑦ 人が多（おお）い。　⑧ 牛肉（ぎゅうにく）

2 □に漢字を、（　）に漢字とひらがなを書きましょう。　一つ3点（18点）
① うらみを晴らす。　② 村の社。
③ 多数　④ 船長
⑤ それぞれの道を（歩む）。
⑥ うまくいくように、と（計らう）。

3 おくりがなに気をつけて、――線の言葉を漢字で書きましょう。　一つ6点（18点）
・やさいのねだんがさがる。（下がる）
・船で川をくだる。（下る）
・たなからにもつをおろす。（下ろす）

4 どんな気持ちになるか、みじかい言葉で書きましょう。　一つ10点（20点）
① プレゼントをもらった時。（れい うれしい気持ち。）
② みんなの前で、はっぴょうする時。（れい どきどきする気持ち。）

5 思考・判断・表現
「クラスお楽しみ会」でするあそびをきめる話し合いで二つの考えが出ました。あなたはどちらのあそびがよいと思うか、理由もいっしょに書きましょう。　20点

やまださん：わたしは、おにごっこがしたいです。どうしてかというと、ルールがかんたんで、クラスぜんいんでできるからです。

きたださん：わたしは、なぞなぞ大会がしたいです。なぞなぞは、うんどうのすきではない人も楽しめると思うからです。

（れい わたしはやまださんの考えがいいと思います。どうしてかというと、クラスぜんいんでおにごっこをできることはあまりないので、もりあがりそうだからです。）

3 「下」には、「した」「しも」「さ（げる）」「くだ（る）」「お（りる）」など、多くの訓読みがあります。音読みは「カ」「ゲ」の二つです。

4 自分がプレゼントをもらった時のことや、みんなの前で発表した時のことを思い出して答えましょう。場面に合った気持ちを、短い言葉で書けていれば正答とします。

5 友だちの考えについて、自分の意見を書きましょう。「〇〇さんの考えがいいと思います。」などと、やまださん、きたださんのどちらの考えがよいと思うかがはっきり書けていて、「（どうしてかというと）～からです。」といった言葉で、その理由を説明できていれば正答とします。

れい2 わたしもきたださんと同じで、なぞなぞ大会がいいと思います。りゆうも同じで、うんどうのすきではない人も楽しめるからです。

といった答え方も正答とします。

おうちのかたへ

送りがなの問題では、送りがなを送りすぎることや、送り足りないことがないようにしましょう。たとえば、「下りる」と書くべきところを「下る」と書くと、読み方だけでなく意味もちがってしまう場合があります。

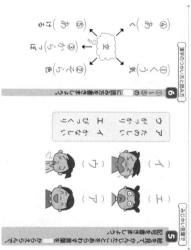

じゅんび　74~75ページ

ジャンプロケットを作ろう／おもちゃのせつめい書を書こう

かきトリ 新しい漢字　台（ダイ・タイ）5かく　教科書74ページ

1 □に読みがなを書きましょう。

① 台紙（だいし）に、どうぶつの絵をかく。

② 台風（たい）にそなえてじゅんびをする。

2 □に漢字を書きましょう。

① げきの（台本）を読む。

3 ——線の言葉はどのような言い方ですか。□からえらんで、記号を書きましょう。

① （イ）それでは、作ってみましょう。

② （ア）それでは、作ってみます。

ア 自分がこれからすることを、せつめいする言い方。
イ 相手にそうするようにさせたり、さそったりする言い方。

4 おもちゃのせつめい書を書く時に、どんなことに気をつけるとよいですか。□からえらんで書きましょう。

① 「作り方」や「あそび方」は、せつめいする（じゅんじょ）のとおりに書く。

② 「作り方」のせつめいには、「まず」「（つぎに）」など、じゅんじょをあらわす言葉をつかう。

③ 「作り方」のせつめいには、作った時に気をつけたことや（くふう）したことを書く。

くふう　じゅんじょ　つぎに

作り方などをわかりやすくせつめいするためには、どのような書き方をするとよいかな？

3分でワンポイント　じゅんじょをあらわす言葉に気をつけて読もう。

★ジャンプロケットの作り方のじゅんに、1～4のばんごうを書きましょう。

3 「～ましょう。」は呼びかける時に使う言い方です。おもちゃの説明書を書いて、友だちに伝える時には、こうした言い方も交えてみるとよいでしょう。

4 おもちゃの説明書を書く時は、説明書の組み立てを考えます。「まず」「つぎに」「さいごに」など、順序を表す言葉を使って書くと、作り方や遊び方の順序が分かりやすくなります。

3分でワンポイント

「ジャンプロケットを作ろう」は、材料と道具、作り方、遊び方のまとまりに分け、順序を分かりやすくするために番号や、順序を表す言葉を使って説明しています。これらのことに注意して、全体の組み立てをしっかりつかみましょう。

たしかめのテスト　76~77ページ

ジャンプロケットを作ろう／おもちゃのせつめい書を書こう

つぎの文章と教科書72～74ページのしゃしんを見て、答えましょう。　思考・判断・表現

作り方

一　とび出すしかけを作る

まず、しゃしん①のように、紙コップの口に四かしょ、しるしをつけます。しるしとしるしの間を同じにするには、一かしょめのしるしをつけたら、二かしょめは、今つけたしるしのむかい合わせのいちにしるしをつけるとうまくいきます。そして、一かしょめと二かしょめのちょうど半分のいちに、のこり二つのしるしをつけます。

しるしをつけたら、しゃしん②のように、しるしをつけた四かしょすべてに、はさみで三ミリメートルほどの切りこみを入れます。

つぎに、二本のわゴムをつなぎます。しゃしん③のように、二本のわゴムをかさねたら、かたほうのわゴムをくぐらせ、矢じるしの方向に引っぱります。すると、二本のわゴムはつながります。

さいごに、わゴムを紙コップにとりつけます。つないだわゴムを、しゃしん④のように、切りこみに合わせ、十字にひっかけます。

これで、とび出すしかけができあがりました。

二　ロケットとはっしゃ台を作る

まず、色紙にロケットのはねを二まいかきます。このとき、ちゅういすることが二つあります。はねは、紙コップの高さより大きくしないことと、しゃしん⑤のように、のりしろをかきたしておくことです。

のりしろを切らないように、はねをはさみで切りとったら、のりしろをおり、のりをつけて、紙コップにとりつけます。しゃしん⑥のように、わゴムをひっかけたいちに合わせると、同じはばではることができます。

「ジャンプロケットを作ろう」より

1 ロケットを作るためのざいりょうを、上の「作り方」からさがし、三つ書きぬきましょう。　一つ10点(30点)

（紙コップ）（わゴム）（色紙）

※順番はちがっていてもよい。

2 【できたらスゴイ!】二かしょめのしるしを、一かしょめのむかい合わせにつけるのはなぜですか。□に合う言葉を書きぬきましょう。　10点

しるしとしるしの間を（同じにする）ため。

3 【よく出る】とび出すしかけを作る時のじゅんじょに、1～4のばんごうを書きましょう。　完答20点

（3）二本のわゴムをつなげる。
（2）紙コップにはさみで切りこみを入れる。
（4）わゴムを紙コップの切りこみに引っかける。
（1）紙コップの口にしるしをつける。

4 色紙にロケットのはねを書く時、どのようなことにちゅういするとよいですか。□に合う言葉を書きぬきましょう。　一つ10点(20点)

・はねは、紙コップの高さより（大きくしない）こと。
・（のりしろ）をかきたしておくこと。

5 【考えを書こう】この文章は、作り方をわかりやすくするために、どのようなくふうがされていますか。　20点

（れい）「まず」や「つぎに」などのじゅんじょをあらわす言葉をつかっている。

1 何を材料にロケットを作っているか、文章から読み取りましょう。

2 4～5行目の「しるしとしるしの間を同じにするには」に着目しましょう。

3 とび出すしかけを作る時の順序は「一　とび出すしかけを作る」に書かれています。「まず」「つぎに」「さいごに」という順序を表す言葉を手がかりにして、作る順序を確かめましょう。

4 25行目に「ちゅういすることが二つあります。」とあることに着目しましょう。その後に、注意することが二つ書かれています。

5 （れい）2 ばんごうをつかって、作り方のじゅんじょをあらわしている。

など、作り方の手順が分かりやすくなるような書き方の工夫をあげていれば正答とします。

おうちのかたへ

説明文の読み取りでは、説明の流れをおさえる上で順序を示す言葉が手がかりになります。順序を表す「はじめに」「つぎに」「そして」などの言葉に注意して文章を読みましょう。それらの言葉に印をつけながら読むと分かりやすくなります。

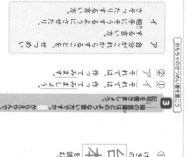

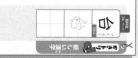

じゅんび 78~79ページ
せかいじゅうの海が

1 しを読んで、答えましょう。

せかいじゅうの海が
マザーグースのうた
みずたに まさる やく

せかいじゅうの海が
一つの海になっちゃえば
どんなに大きな海だろうな。
せかいじゅうの木が
一つの木になっちゃえば
どんなに大きな木だろうな。
せかいじゅうのおのが
一つのおのになっちゃえば
どんなに大きなおのだろうな。
せかいじゅうの人が
ひとりの人になっちゃえば
どんなに大きな人だろうな。
大きな人が
大きなおので
大きな木を切り
大きな海へ
ばたんずしんとたおしたら
どんなに大きな音だろうな。

(1) このしは、いくつのまとまりでできていますか。漢字で書きましょう。
（五）つ

(2) このしは、どんなしですか。一つに○をつけましょう。
ア（ ）けしきを見て書いたし。
イ（ ）本当にあったできごとを書いたし。
ウ（○）そうぞうして書いたし。

(3) このしは、どのように音読するとよいですか。一つに○をつけましょう。
ア（ ）がっかりした様子で、小さな声で読む。
イ（○）楽しそうな様子で、大きな声で読む。
ウ（ ）おどろいた様子で、早口で読む。

(4) 「ばたんずしん」は、何がどうなった音ですか。
（れい）大きな木が、たおれた時の音。

(5) このしには、「大きな」という言葉が何回つかわれていますか。漢字で書きましょう。
（九）回

(6) このしのとくちょうとして正しいものを、つぎから一つえらんで、○をつけましょう。
ア（○）同じ言葉や、にた言葉を、なんどもくりかえしている。
イ（ ）音や様子をあらわす言葉を、なんどもくりかえしている。
ウ（ ）いろいろな国の海についてのせつめいをなんどもくりかえしている。

じゅんび 80~81ページ
かさこじぞう／言葉の文化⑤ かるたであそぼう／おはじきのあそび方

かきトリ 新しい漢字

買	店	原	来	風	雪	米
歌	止	池	里	寺	麦	京

1 □に読みがなを書きましょう。
① 雪（ゆき）にうもれる。
② あそびに来（く）る。
③ 本を買（か）う。
④ みんなで歌（うた）う。

2 □に漢字を書きましょう。
① 原っぱ
② 東京都
③ 風がふく。
④ 池の水。

3 □に合う言葉を、□からえらんで、記号を書きましょう。（かるたであそぼう）
「かるた」は、絵のかかれた（ウ）と、文字の書かれた（イ）の二つをつかうあそびです。かるたには、ある（ア）のことを書いたものもあります。
ア ちいき　イ 読みふだ　ウ 絵ふだ

4 「おはじきのあそび方」をせつめいする時、「はじめ」「中」で話すことを□からえらんで、書きましょう。（おはじきのあそび方）
① はじめ…（ウ）
② 中…（ア）
③ おわり…おわりの言葉
ア くわしいあそび方。
イ 自分のおばあちゃんのこと。
ウ これからせつめいすることは何か。

3分でワンポイント 場面や人物の様子をたしかめよう。（かさこじぞう）
★だれが何と言ったかを――線でつなぎましょう。
- じいさま ―「おお、お気のどくにな。」
- ばあさま ―「それはええことをしなすった。」
- じぞうさま ―「じょいやさ じょいやさ。」

---

1 (1)詩を、内容のまとまり（連）によって分けます。ふつう、まとまりごとに一行あけて示されています。
(2)「…になっちゃえば」「…だろうな」という言葉から、作者が想像をしていると分かります。
(3)ありえないような楽しい想像の世界が表現された詩です。楽しそうな様子で、「大きな」の繰り返しを読むとよいでしょう。
(4)同じ連に、「大きな木を切り」「たおしたら」とあることに注目して、答えましょう。
(5)「大きな」の繰り返しとともに、どれほどの大きさかと想像を広げてみましょう。
(6)前の四連が、同じ言葉や似た言葉の繰り返しになっています。

3 かるたは古くから伝わる遊びで、現在では正月遊びとして親しまれています。読み札と絵札の二種類を使って遊びます。地域によってさまざまテーマで制作されたかるたがあります。いろいろなかるたや、それが制作された背景を調べてみましょう。

4 おはじきのあそび方を説明する時は、「はじめ」ではじめの言葉としてこれから説明することは何かを話し、「中」でくわしいあそび方を説明し、「おわり」でおわりの言葉を言います。「中」では「はじめに」「つぎに」「そして」などの順序を表す言葉を使うと分かりやすくなります。

3分でワンポイント
「かさこじぞう（いわさき きょうこ）」は、有名な昔ばなしです。場面の様子をつかむとともに、雪でうもれたじぞうさまにかさこをかぶせてあげ、かさこが足りなくて自分の手ぬぐいをむすんであげたじいさまの優しい気持ちや、じいさまをねぎらうばあさまの気持ち、そして、二人に恩返しをしに来たじぞうさまの気持ちも考えながら読みましょう。

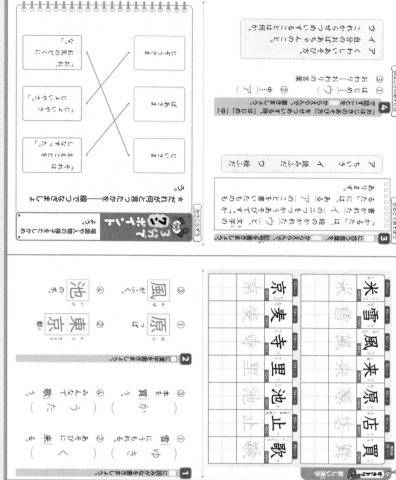

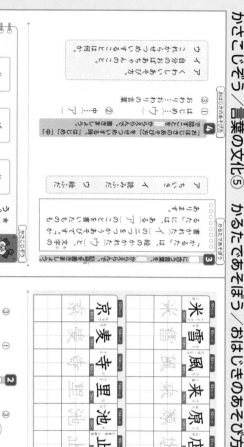

れんしゅう① 82~83ページ

かさこじぞう

文章を読んで、答えましょう。

むかしむかし、あるところに、じいさまとばあさまがありましたと。

たいそうびんぼうで、その日その日をやっとくらしておりました。

ある年の大みそか、じいさまは、ためいきをついて言いました。

「ああ、そのへんまでお正月さんがござらっしゃるというに、もちこのよういもできんのう。」

「ほんにのう。」

「なんぞ、売るもんでもあればええがのう。」

じいさまは、ざしきを見回したけど、なんにもありません。

「ほんに、なんにもありゃせんのう。」

ばあさまは、土間の方を見ました。すると、夏の間にかりとっておいたすげが、つんでありました。

「じいさま、じいさま、かさこさえて、町さ売りに行ったら、もちこ買えんかのう。」

「おお、おお、それがええ、そうしよう。」

そこで、じいさまとばあさまは土間におり、ざんざら、すげをそろえました。そして、せっせとすげがさをあみました。

かさが五つできると、じいさまはそれをしょって、

「帰りには、もちこ買ってくるで。にんじん、ごんぼもしょってくるでのう。」

と言うて、出かけました。

いわさき きょうこ「かさこじぞう」より

❶ じいさまとばあさまは、どんなくらしをしていましたか。一つに○をつけましょう。

ア（　）お金があってとてもゆたかなくらし。
イ（○）なんとか生きていけるくらし。
ウ（　）いろいろな人にたすけてもらうくらし。

ヒント 「その日その日をやっとくらして」いたとあるよ。

❷ じいさまとばあさまが話していたのは、いつですか。

ある年の 大みそか 。

❸ 「ためいきをついて言いました。」とありますが、なぜですか。

お正月さん が来るのに、もちこ もよういできないから。

❹ 「そうしよう。」とありますが、じいさまは、何をしようと言ったのですか。

（れい）かさを作って、町に売りに行く(こと)。

ヒント すぐ前の、ばあさまの言葉を読もう。

❺ 「せっせと」の正しいいみに○をつけましょう。

ア（　）ていねいに。
イ（○）いっしょうけんめいに。
ウ（　）あせって。

❻ 出かけて行く時、じいさまはどんな気持ちでしたか。一つに○をつけましょう。

ア（　）なんにも買えないかもしれないと、しんぱいしていた。
イ（○）食べものをいろいろ買えるかもしれないときたいしていた。
ウ（　）うまくかさができたので、安心していた。

❶ 4～6行目にくらしの様子が書かれていることをおさえましょう。ウの「いろいろな人にたすけてもら」っていたかどうかは、本文に書かれていません。

❷ 大みそかとは、一年の最後の日、つまり十二月三十一日のことです。

❸ 10～13行目のじいさまの会話文に着目しましょう。「ござらっしゃる」は「来る」の尊敬の表現です。

❹ 直前のばあさまの会話文に注目します。「こさえる」＝「こしらえる」は作り上げるということです。

❺ 「せっせと」は、休まず一生懸命に行うさまを表す言葉です。

❻ 33～34行目で、じいさまが、もちこだけでなく野菜も買ってくると言っているのは、かさが売れたら、そのお金でいろいろなものが買えるかもしれないと期待しているからです。

れんしゅう② 84~85ページ

かさこじぞう

文章を読んで、答えましょう。

じいさまは、とんぼりとんぼり町を出て、村のはずれの野っ原まで来ました。

風が出てきて、ひどいふぶきになりました。

ふと顔を上げると、道ばたに、じぞうさまが六人立っていました。

おどうはなし、木のかげもなし、ふきっさらしの野っ原なもんで、じぞうさまは、かたがわだけ雪にうもれているのでした。

「おお、お気のどくにな。さぞつめたかろうのう。」

じいさまは、じぞうさまのおつむの雪をかきおとしました。

「こっちのじぞうさまは、ほおべたにしみをこさえて。それから、このじぞうさまはどうじゃ。はなからつららを下げてござらっしゃる。」

じいさまは、ぬれてつめたいじぞうさまの、かたやらせなやらをなでました。

「そうじゃ。このかさこをかぶってくだされ。」

じいさまは、売りもののかさをじぞうさまにかぶせると、風でとばぬよう、しっかりあごのところでむすんであげました。

ところが、じぞうさまの数は六人、かさこは五つ。どうしても足りません。

「おらのでわりいが、こらえてくだされ。」

じいさまは、自分のつぎはぎの手ぬぐいをとると、いちばんしまいのじぞうさまにかぶせました。

「これでええ、これでええ。」

そこで、やっと安心して、うちに帰りました。

いわさき きょうこ「かさこじぞう」より

❶ じいさまは、どこでじぞうさまを見ましたか。一つに○をつけましょう。

ア（　）じいさまの家のそば。
イ（　）大にぎわいの町の中。
ウ（○）町を出た、村はずれの野っ原。

❷ 「おお、お気のどくにな。」とありますが、だれが、なぜ気のどくなのですか。

だれが（じぞうさま）

なぜ（（れい）雪にうもれて、つめたそうだったから。）

ヒント じいさまは、じぞうさまを見て言っているよ。

❸ 「このかさこをかぶってくだされ。」と言って、じいさまが、じぞうさまに、かさをかぶせてあげたのはなぜですか。合うもの一つに○をつけましょう。

ア（　）かさがたくさんのこっていて、おもたかったから。
イ（○）かさをかぶせたら、じぞうさまが雪にうもれないと思ったから。
ウ（　）かさをもって帰ると、ばあさまががっかりすると思ったから。

ヒント じいさまはじぞうさまの頭の雪をおとしてあげたね。

❹ じぞうさまにかぶせるかさが足りなくなって、じいさまはどうしましたか。

いちばんしまい のじぞうさまに、自分 のつぎはぎの 手ぬぐい をかぶせた。

ヒント じいさまは「おらのでわりいが」と言っているよ。

❶ 書き出しの1～3行目をていねいに読み取りましょう。

❷ 気の毒とはかわいそうに思うことです。じいさまはふきっさらしの野っ原にじぞうさまがかただけ雪にうもれているのを見て「さぞつめたかろうのう。」と、かわいそうに思ったのです。「さぞ」は、下に「～だろう。」などの言葉をともなって使われ、「きっと」という意味を表します。

❸ 雪にうもれたじぞうさまの「かたやらせなやらをなで」、かさこをかぶせていたので、じいさまのつめたそうな様子を気の毒に思い、雪にうもれないようにかさこをかぶせてあげたのです。

❹ 29～31行目で、じいさまは、かさのかわりに自分の手ぬぐいを最後のじぞうさまにかぶせてあげています。「こらえる」は、がまんする、しんぼうするという意味です。「痛みをこらえる。」などのように使います。

じゅんび　86～87ページ
言葉の広場⑤　主語とじゅつ語／漢字の広場⑤　同じ読み方の漢字

かきトリ！　新しい漢字

雲（くも・ウン）12かく　番（バン）12かく

1 □に読みがなを書きましょう。

① 雲海（うんかい）
② 話す 番（ばん）が来る。
③ 大きな 雲（くも）

2 □に漢字を書きましょう。

① そうじ 当番（とう ばん）
② いわし 雲（ぐも）
③ 風 雲（うん）
④ テレビ 番組（ばん ぐみ）

3 主語とじゅつ語　主語に――線、じゅつ語に～～線を引きましょう。

① きれいな 花が さく。
② かつみさんは とても やさしい。
③ わたしも いっしょに 行きたい。

4 主語とじゅつ語　つぎの①～③の文の形にあてはまる文を□からえらんで、記号を書きましょう。

① 何が ― どうする。（イ）
② 何が ― どんなだ。（ア）
③ 何が ― なんだ。（ウ）

ア 雨が 強い。
イ 風が ふく。
ウ あれが ふじ山だ。

5 同じ読み方の漢字　□に□の読み方の漢字を書きましょう。（同じ漢字は、二回つかえません。）

かい：① 音楽 会　② 転 回　③ から 貝　④ 水 海
しん：⑤ ばい 心　⑥ 林 森　⑦ 切 親

たしかめのテスト①　88～89ページ
かさこじぞう ～ 漢字の広場⑤　同じ読み方の漢字

文章を読んで、答えましょう。　思考・判断・表現

するとま夜中ごろ、雪の中を、
じょいやさ　じょいやさ
と、そりを引くかけ声がしてきました。
「ばあさま、今ごろだれじゃろ。長者どんのわかいしゅが、正月買いもんをしのこして、今ごろ引いてきたんじゃろうか。」
ところが、そりを引くかけ声は、長者どんのやしきの方には行かず、こっちに近づいてきました。耳をすまして聞いてみると、
六人のじぞうさ
かさことってかぶせた
じさまのうちはどこだ
ばさまのうちはどこだ
と歌っているのでした。

そして、じいさまのうちの前で止まると、何やらおもいものを、
ずっさん　ずっさん
と下ろしていきました。
じいさまとばあさまがおきていって、雨戸をくると、かさこをかぶったじぞうさまと、手ぬぐいをかぶったじぞうさまが、
じょいやさ　じょいやさ
と、空ぞりを引いて、帰っていくところでした。
のき下には、米のもち、あわのもちのたわらが、おいてありました。
そのほかにも、みそだる、にんじん、ごんぼやだいこんのかます、おかざりのまつなどがありました。
じいさまとばあさまは、よいお正月をむかえることができましたと。

いわさき　きょうこ「かさこじぞう」より

1 「そりを引くかけ声」を聞いて、じいさまはだれの声かと思いましたか。一つに○をつけましょう。10点

ア（　）長者どん
イ（○）長者どんのわかいしゅ
ウ（　）じぞうさん

2 「こっち」とありますが、どこですか。10点

（れい じいさまとばあさまの家。）

3 できたらスゴイ！　じいさまとばあさまが聞いた歌は、どのように聞こえましたか。一つに○をつけましょう。20点

ア（　）大きな声で歌っているのがよく聞こえた。
イ（○）小さな声で歌っているのが聞こえた。
ウ（　）さいしょは大きな声で歌っていたが、だんだん小さな声になっていくのが聞こえた。

4 よく出る　「じょいやさ　じょいやさ」は、だれとだれが、何をする声でしたか。書きぬきましょう。1つ10点（30点）

だれとだれが（かさこをかぶったじぞうさま）と（手ぬぐいをかぶったじぞうさま）
何をする（空ぞりを引いて、帰っていく）声。

5 もちのたわらや食べものは、どこにありましたか。10点

（のき下）

6 考えを書こう　じぞうさまたちが、じいさまとばあさまに、もちのたわらや、食べものをあげたのはなぜだと思いますか。20点

（れい かさをかぶせてくれたことをかんしゃしていたから。）

3 「だれ（何）が」「だれ（何）は」「だれ（何）も」を表す言葉を主語、「どうする」「どんなだ」「なんだ」を表す言葉を述語といいます。前にあったことを表す場合は、述語が「どうした」のように変化することにも注意しましょう。

4 ①「何が―どうする」の文です。
②「だれは―どんなだ」の文です。
③「だれも―どうする」の文です。
①「ふく」は「どうする」、②「強い」は「どんなだ」、③「ふじ山だ」は「なんだ」に当たります。

5 同じ読み方でも意味や使い方が異なる漢字があります。言葉の意味から、ふさわしい漢字を書きましょう。

1 4～6行目の会話文から読み取ります。

2 「こっち」とはじいさまとばあさまが話している場所を指します。

3 9行目に「耳をすまして聞いてみると」とあることから、かけ声は耳をすまさないと聞こえないような小ささだったことが分かります。

4 「じょいやさ　じょいやさ」と言っていたのがだれだったのか、19～23行目に書かれています。この部分から書きぬきましょう。

5 「のき」とは、屋根の下端（たん）の、建物から外に張り出した部分で、「のき下」とは、その下の場所です。

6 10～13行目にある、じぞうさまの歌の内容から、じぞうさまは、かさをかぶせてくれたことを理由にじいさまとばあさまの家に向かっているのが分かります。かさをかぶせたという事実と恩返しであることが書けていれば正答とします。

れい2 やさしくしてくれたじいさまによいお正月をむかえてもらうため。

など、じいさまの優しさを書き、最後の3行を手がかりにしても正答とします。

おうちのかたへ

物語文の読解では、だれが何をしたかをしっかりとおさえ、心情がはっきり書かれていなくても、登場人物の行動から心情を考えましょう。

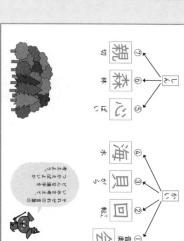

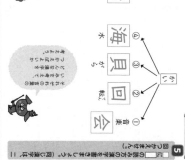

たしかめのテスト② 90~91ページ

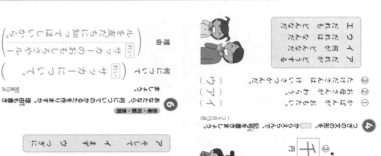

かさこじぞう ～ 漢字の広場⑤　同じ読み方の漢字

1 （　）に読みがなを書きましょう。　一つ3点(24点)

① 東京（とうきょう）に行く。
② 米作（べいさく）
③ 売買（ばいばい）
④ 寺社（じしゃ）をめぐる。
⑤ 新しい店（みせ）。
⑥ 新雪（しんせつ）の上を歩く。
⑦ 小麦（こむぎ）こ
⑧ 校歌（こうか）をうたう。

2 □に漢字を書きましょう。　一つ3点(24点)

① 来月（らいげつ）
② 広い草原（そうげん）。
③ 風（かざ）むき
④ 米（こめ）を作る。
⑤ 里（さと）いも
⑥ 一番（いちばん）になる。
⑦ 電池（でんち）
⑧ いきを止（と）める。

3 □の中に、□の読み方をする漢字をあてはめて、言葉を作りましょう。　一つ4点(12点)

せん
① 先　生
② 線　直（ちょく）
③ 千　円

4 つぎの文の形を、□からえらんで、記号を書きましょう。　一つ5点(15点)

① かばんが　おもたい。（イ）
② お母さんが　わらう。（ア）
③ たけだざんは　けいさつかんだ。（ウ）

ア　だれが　どうする
イ　何が　どんなだ
ウ　だれは　なんだ
エ　だれも　どんなだ

5 つぎの（　）に合う言葉を、□からえらんで、記号を書きましょう。　一つ5点(15点)

これから、こまのあそび方をせつめいします。
（①イ）、ひもをこまにまきつけます。
（②ウ）、ひもをゆびではさみ、こまをしっかりもちます。
（③ア）、こまをじめんになげます。

ア　そして　イ　まず　ウ　つぎに

6 【思考・判断・表現】 あなたなら、何についてのかるたを作りますか。理由も書きましょう。　完答10点

何について（れい サッカーについて。）

理由（れい サッカーのおもしろさやルールを友だちに知ってほしいから。）

じゅんび 92~93ページ

こんなことができるようになったよ／言葉の広場⑥　音や様子をあらわす言葉……

かきトリ 新しい漢字

走	直	用
鳴	明	刀

1 □に読みがなを書きましょう。

① 直線（ちょくせん）を引く。
② 車が走（はし）る。
③ かねが鳴（な）る。
④ 夜が明（あ）ける。

2 □に漢字を書きましょう。

① 書き直（なお）す。
② 百メートル走（そう）
③ せつ明（めい）する。
④ 鳥の鳴（な）き声。
⑤ 長い刀（かたな）。
⑥ 正直（しょうじき）な人。
⑦ 用（よう）がある。

3 言葉と正しいいみを、――線でつなぎましょう。 （こんなことができるようになったよ）

① きんちょう ― 心が引きしまる。
② しゅんかん ― ひじょうにみじかい時間。
③ ぐんぐん ― ものごとがいきおいよくすすむ様子。

4 文章を見直す時に気をつけることについて、□に合う言葉を、□からえらんで、記号を書きましょう。 （こんなことができるようになったよ）

① 字の（ア）やぬけているところはないか。
② 「は」「を」「へ」や、（エ）、点（、）、丸（。）、かぎ（「」）は正しく書けているか。
③ （ウ）は、行をかえて書いているか。
④ （イ）が、そろっているか。

ア　まちがい　イ　文のおわりの言い方
ウ　話した言葉　エ　小さく書く字

5 つぎの言葉は、何をするときの音や様子をあらわす言葉ですか。□からえらんで、記号を書きましょう。 （音や様子をあらわす言葉）

① ぺらぺら・ぼそぼそ・ぺちゃくちゃ（ウ）
② すやすや・ぐうぐう・うとうと（ア）
③ ドンドン・トントン・コツコツ（イ）

ア　ねむる　イ　たたく　ウ　話す

6 つぎの漢字を二つに分けましょう。 （組み合わせてできている漢字）

① 晴 → 日　青
② 岩 → 山　石
③ 国 → 口　玉

---

3 できあがったそれぞれの言葉の意味が分かるかどうか確認しましょう。

4 ①「おもたい」は、様子や性質を表す言葉なので、「何が―どんなだ」の文です。②「わらう」は、動作を表すので、「だれが―どうする」の文です。③「けいさつかんだ」は名前や呼び名を表すので、「だれは―なんだ」の文です。

5 遊び方を説明する時には、「はじめに」「つぎに」「そして」などの順序を表す言葉を使って分かりやすく話しましょう。

6 自分が作ってみたいかるたのテーマを書き、「～から」などの理由を表す表現で理由を書けていれば正答とします。

れい2 自分の家ぞくについて。
家ぞくのおもしろいできごとをいろいろな人にしょうかいしたいから。

など、どんなテーマでもかまいません。

3 ①「緊張（きんちょう）」は心が張りつめたり、体がかたくなったりして引きしまることをいいます。

②「瞬間（しゅんかん）」の「瞬」はまばたきのことで、まばたきするような短い時間のことです。

③「ぐんぐん」は、「ぐんぐん進む」「成績がぐんぐんのびる」など、主によい方向に進行するさまに使います。

4 文章が書けたら、字がぬけていたり間違（ちが）っていたりしないか、「は」「を」「へ」を間違っていないか、点（、）や丸（。）は正しく打てているか、会話文は行をかえて書けているか、文のおわりの言い方は「です・ます」か「だ・である」のどちらかにそろえましょう。

5 音や様子を表す言葉から、動作を考えましょう。ふつう、音を表す言葉はかたかなで書かれることにも注意しましょう。

6 漢字の組み合わせ方には大きく分けて、左と右、上と下、外と内、などがあります。二つの部分で構成される漢字を分けてみて、組み合わせのパターンをつかみましょう。

こんなことができるようになったよ ～ 漢字の広場⑥ 組み合わせてできてい……

文章を読んで、答えましょう。　思考・判断・表現

わたしわ、生活科の時間に、たこをあげることができるようになりました。

わたしが作たたこは、青くて、四角い形です。そこには、かっている犬のラッキーの絵をかきました。家に帰ってからお姉ちゃんに見せたら、

「ラッキーの絵がかわいいね。高くあげられるといいね。」

と言われたので、あげるのが楽しみになった。

たこあげ本番の日。わたしは、ちやんとあがるかどきどきしていました。風がふいたしゅんかんに走ったけれど、すぐにじめんについてしまいました。「どうしてかな。」と言ったら、近くにいたかわいさんが、

「風とぎゃくに走るといいよ」

と教えてくれました。言われたとおりにしてみたら、今度はうまくあげられました。そして、こうしゃよりも高くあがりました。

たこがぐんぐんあがっていくのが、とてもおもしろかったです。また、いろいろなたこを作って、もっともっと高くあげたいです。

かみや　ひとみ「がんばったたこあげ」（「こんなことができるようになったよ」より）

よく出る
1 「わたし」はなぜ、たこあげが楽しみになったのですか。一つに○をつけましょう。　10点
ア（　）とても上手にたこが作れたから。

イ（　）お姉ちゃんが、いっしょにたこあげをしてくれると言ったから。

ウ（○）お姉ちゃんに絵をほめられ、高くあげられるといいねと言われたから。


できたらスゴイ!
2 ～線①～③は、書き方にまちがいがあります。それぞれ正しく書き直しましょう。　一つ10点（30点）
①（わたしは）　②（作った）　③（ちゃんと）

3 「あげるのが楽しみになった。」とありますが、この部分を、文のおわりの言い方がほかと同じ形になるように、書き直しましょう。　10点
（あげるのが楽しみになりました。）

4 上の文章で、正しく行をかえていないところが二かしょあります。行をかえるところのはじめの五字（記号もふくむ）を、それぞれ書きぬきましょう。　一つ10点（20点）
一つめ　「どうして
二つめ　と言ったら

5 上の文章で、丸（。）がぬけているところがあります。その部分を、丸をおぎなって書き直しましょう。　10点
（「風とぎゃくに走るといいよ。」）

考えを書こう
6 あなたは二年生になってどんなことができるようになりましたか。　20点
（れい）九九のすべてのだんを言うこと（ができるようになりました）。

1 理由を表す「ので」という言葉に着目して、5～10行目の内容を読みましょう。

2 ①③は字の間違い、②は字がぬけています。「は」「を」「へ」や、小さく書く字（っ、ゃ、ゅ、ょ）を正しく書きましょう。

3 文のおわりの言い方は、「です・ます」か「だ・である」のどちらかにそろえます。

4 話した言葉（会話）は、行をかえて書きます。

5 終わりのかぎ（」）の前は、丸（。）を忘れやすいので気をつけましょう。

6 できごとは一つにしぼって、くわしく説明しましょう。
（れい2）さかあがりのれんしゅうをがんばってできるようになりました。

など、がんばったということを書いてもよいでしょう。

おうちのかたへ

書いた文章を見直す習慣をつけることは記述問題の解答にも役立ちます。字のぬけや間違いがあれば、内容は正解でも減点されてしまうことがあります。

こんなことができるようになったよ ～ 漢字の広場⑥ 組み合わせてできてい……

1 （　）に読みがなを書きましょう。　一つ3点（24点）
① 正直（しょうじき）に話す。　② むかしの刀（かたな）。
③ ときょう走（そう）　④ きげんが直（なお）る。
⑤ 明朝（みょうちょう）　⑥ ベルを鳴（な）らす。
⑦ げんこう用紙（ようし）　⑧ 明（あか）るい空。

2 □に漢字を、（　）に漢字とひらがなを書きましょう。　一つ3点（21点）
① 木刀（ぼくとう）をふる。　② 日直（にっちょく）
③ 悲鳴（ひめい）をあげる。　④ 道具を用（もち）いる。
⑤（明かり）がつく。　⑥ 空が（明らむ）。
⑦（直ちに）行く。

3 つぎの漢字は、組み合わせるとどのような漢字になりますか。下の□からえらんで□に書きましょう。　一つ5点（10点）
① 田＋丁 → 町
② 立＋日 → 音
男　星　音　町

4 つぎの文には、まちがいが四つあります。あとのげんこう用紙に正しく書きなおしましょう。　一つ5点（20点）
ぼくわ、帰てすぐ。しゆくだいをしました。

（　ぼくは、帰ってすぐ、しゅくだいをしました。）

思考・判断・表現
5 つぎの文の（　）にあてはまる音や様子をあらわす言葉を書きましょう。　一つ5点（10点）
① 体そうで、うでを（れい ぐるぐる）回す。
② かみなりが、（れい ゴロゴロ）鳴った。

思考・判断・表現
6 □の言葉を二つえらんで文を作りましょう。　15点
すやすや　にこにこ　ドタドタ　パチパチ
（れい）赤ちゃんがすやすやとねむっているので、ドタドタ足音をたてて、おこさないように気をつけました。

3 語群の漢字がどのように分けられるか考えましょう。①「町」は左と右に、②「音」は上と下に分けられます。

4 点（、）、丸（。）、小さく書く字は、マス目の右上の部分に書くことにも気をつけて書き直しましょう。

5 ①はほかに、
（れい2）ぶんぶん
など、うでを回す様子を表した言葉なら正答とします。様子を表す言葉はふつうひらがなで書きます。
②は、
（れい2）ドーンと
など、かみなりの音を表す言葉なら正答です。音を表す言葉は、ふつうかたかなで書きます。

6 「すやすや」「にこにこ」を様子を表す言葉として、「ドタドタ」「パチパチ」を音を表す言葉として適切に使って文が書けていれば正答です。
（れい2）先生が、にこにこわらい、パチパチと はく手してほめてくれた。

といった文でもよいでしょう。

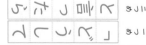

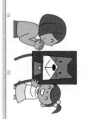

じゅんび 98~99ページ

アレクサンダとぜんまいねずみ

ガッテン 新しい漢字

午（ゴ）4かく　教科書132ページ

黒（コク・くろ・くろい）11かく　142ページ

1 □に読みがなを書きましょう。

① 午後（ご　ご）は雨がふる。　② 黒（こ　く）ばん

③ 黒（く　ろ）い紙。

2 □に漢字を書きましょう。

① 午前（ご ぜん）中　② 黒（くろ）まめを食べる。

3 正しいいみに○をつけましょう。

① まわりの大人にちやほやされる。
ア（　）親しくつき合う。
イ（○）きげんをとってあまやかす。

② 相手のすきをみてゴールをきめる。
ア（○）相手がゆだんするのをまって。
イ（　）相手とのきょりをあけて。

③ 友だちのことをうらやむ。
ア（　）見てまねをする。
イ（○）自分もそうなりたいと思う。

4 お話のあらすじをまとめるとき、どんなことに気をつけるとよいですか。□からえらんで書きましょう。

① お話をはじめ・中・おわりに分けて、（みじかく）まとめる。
② 登場人物と（おもなできごと）を中心に書く。
③ だれが、いつ、どこで、（どのようなこと）をしたかを書く。
④ はじめとおわりで（かわったこと）を書く。

かわったこと　どのようなこと　おもなできごと　ながく　みじかく

3分でワンポイント 登場人物とできごとをたしかめよう。

★ できごとのじゅんばんに、1～4の番号を書きましょう。

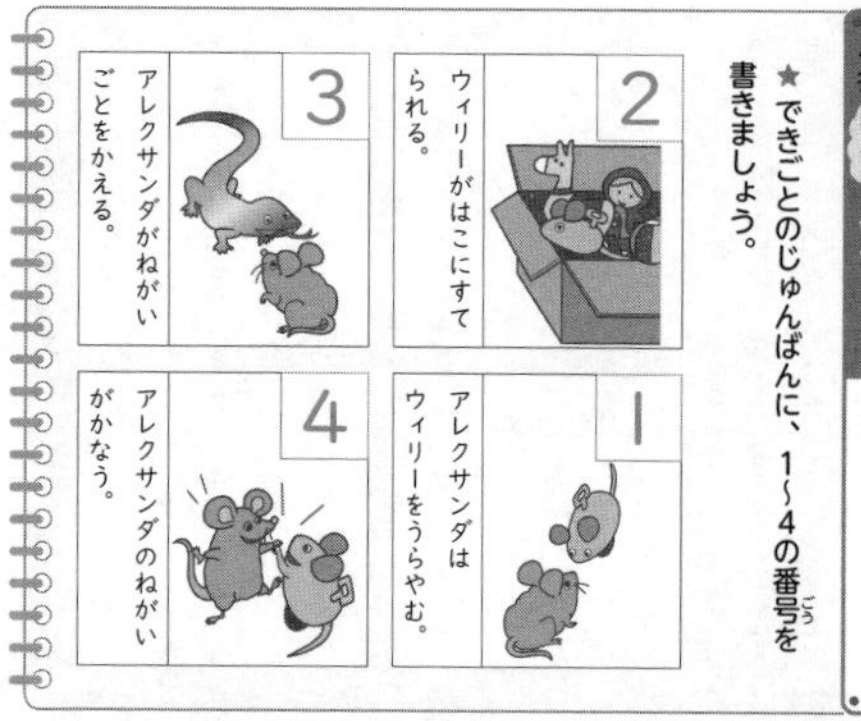

れんしゅう 100~101ページ

アレクサンダとぜんまいねずみ

文章を読んで、答えましょう。

アレクサンダも、ウイリーが大すきになった。かれは、すきをみてはウイリーをたずね、ほうきや、空とぶおさらや、ねずみとりとのぼうけんを話して聞かせた。ウイリーは、ペンギンやぬいぐるみのくま、そして、おもにアニーの話をした。二ひきの友だちは、何時間も楽しい時をすごした。

けれど、かくれ家のくらやみの中でひとりぼっちの時、アレクサンダはウイリーをうらやんだ。

「ああ！」

と、かれはためいきをついた。

「ぼくも、ウイリーみたいなぜんまいねずみになって、みんなにちやほやかわいがられてみたいなあ。」

ある日、ウイリーはふしぎな話をした。

「なんでも、」

かれは、ひみつめかしてささやいた。

「にわの小石の小道のはじの、きいちごのしげみの近くに、生きものをほかの生きものにかえることのできる、まほうのとかげがすんでるそうだよ。」

「つまり、」

アレクサンダは言った。

「ぼくを、きみみたいなぜんまいねずみにかえられるっていうの？」

その日の午後、アレクサンダは、さっそくにわへ行き、小道のはじまで走っていった。

「とかげよ、とかげ。」

かれはささやいた。すると、とつぜん目の前に、花々とちょうちょうの色をした、大きなとかげがあらわれた。

「ぼくを、ぜんまいねずみにかえられるって、ほんと？」

アレクサンダは、ふるえ声できいた。

「月がまん丸の時、」

とかげは言った。

「むらさきの小石をもっておいで。」

レオ＝レオニ　文・絵／たにかわ しゅんたろう やく「アレクサンダとぜんまいねずみ」より

❶ アレクサンダは、何になってどんなことをされたいと思っていますか。

（れい ぜんまいねずみ）になって、みんなに（れい ちやほやかわいがられて）みたい。

❷ ウイリーは「ふしぎな話」をどのようにしましたか。一つに○をつけましょう。
ア（　）楽しそうに。
イ（○）こっそりと。
ウ（　）じまんするように。

ヒント 「ひみつめかしてささやいた」とあるよ。

❸ 「まほうのとかげ」はどんなことができるのですか。

生きものを（ほかの生きもの）に（かえる）ことができる。

❹ とかげはアレクサンダに、いつ、何をもってくるように言いましたか。

いつ（月がまん丸の時。）
何を（むらさきの小石。）

ヒント 「いつ」と聞かれたら、時をあらわす言葉を答えよう。

❺ アレクサンダが「ふるえ声」になったのはなぜですか。一つに○をつけましょう。
ア（　）とかげがこわかったから。
イ（　）ひみつを知ってきんちょうしたから。
ウ（○）ねがいがかなうときたいしたから。

ヒント すぐ前のアレクサンダの言葉をよく読もう。

---

3 ①「ちやほやする」は機嫌をとってあまやかすことです。

②「すき」は、気のゆるみのことです。ものとものとの間という意味もあります。

③「うらやむ」は他人のことを見て、自分もそうありたいと願うことです。

4 あらすじとは、登場人物がいつ、どこで、何をしたかや、主なできごとといった要点を短くまとめたものです。はじめとおわりでかわったことを書き、お話の展開も分かるようにしましょう。

3分でワンポイント

「アレクサンダとぜんまいねずみ（レオ＝レオニ）」では、アレクサンダにとってうらやましい存在であったウイリーが、箱に捨てられているというできごとをはさんで、アレクサンダの気持ちが変化します。できごとに関わって移り変わるアレクサンダの気持ちや、ほかの登場人物の会話文にも着目して、お話を読み進めましょう。

❶ 12～13行目で、アレクサンダは、ウイリーみたいなぜんまいねずみになってかわいがられてみたいと言っています。

❷ 「～めかす」は、～のように見せるということです。「ささやく」は小声で話すことです。ウイリーは秘密のことのようにこっそりと不思議な話を教えてくれたのです。

❸ 18～20行目の、ウイリーの会話文の内容から考えましょう。

❹ 「ぼくを、きみみたいなぜんまいねずみにかえられるっていうの？」とたずねたアレクサンダに、まほうのとかげが答えている内容を読み取りましょう。また、「いつ」と問われたら時を表す言葉で答えることに気をつけましょう。

❺ アレクサンダは、自分の願いが本当にかなえてもらえるのか、期待してどきどきする思いから、ふるえ声になったのです。

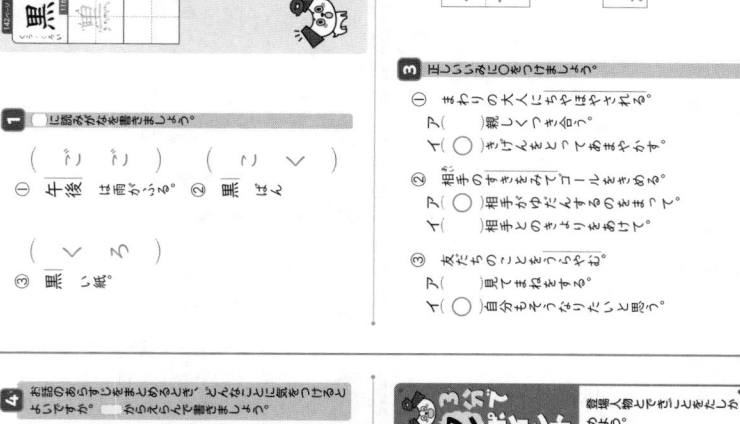

たしかめのテスト　102~103ページ

アレクサンダとぜんまいねずみ

文章を読んで、答えましょう。　思考・判断・表現

するとその時、何かが、とつぜん目に入った。ゆめじゃないかな……？　いや、本当だ！　むらさきの小石だ。

むねをどきどきさせて、大事な小石をしっかりうでにだき、かれは、にわへと走り出た。いきまんげつだった。アレクサンダは、きいちごのしげみのそばで立ち止まった。

「しげみの中のとかげよ、とかげ。」大いそぎで、かれはよんだ。

はっぱがさがさ鳴って、とかげがあらわれた。「月はみちた。小石は見つかった。」とかげは言った。「おまえは、だれに、それとも、何になりたいの？」「ぼくは……。」アレクサンダは、言いかけてやめた。そして、とつぜん言った。「とかげよ、とかげ。ウイリーを、ぼくみたいなねずみにかえてくれる？」とかげは、まばたきした。目もくらむような光。そして、すべてがしいんとしずまりかえった。むらさきの小石はきえていた。

アレクサンダは、走れるかぎりのはやさで、うちへかけもどった。はこはあったけど、ああ、もうからっぽだった。「おそかった。」かれは思った。おもい心で、かれは、かべの下のあなへもどりかけた。

レオ＝レオニ　文・絵／たにかわ しゅんたろう やく「アレクサンダとぜんまいねずみ」より

❶ 「いや、本当だ！」とありますが、どんなことが本当なのですか。□にあてはまる言葉を書きましょう。　10点

むらさきの小石

が、アレクサンダの目の前にあること。

❷ アレクサンダはなぜ、「むねをどきどき」させたのですか。一つに○をつけましょう。　10点

ア（　）いきがきれるほど走ったから。
イ（○）ずっとさがしていた小石が見つかったから。
ウ（　）まんげつがきれいだったから。

❸ 「にわへと走り出た。」とありますが、アレクサンダはだれに会いに行くのですか。　10点

（しげみの中の）とかげ

❹ できたらスゴイ！　「アレクサンダは、言いかけてやめた。」とありますが、それはなぜですか。　20点

れい 自分のためではなくウイリーのためのねがいを言おうと思ったから。

❺ よく出る　アレクサンダは、どんなことをねがいましたか。　20点

れい ウイリーを自分のようなねずみにすること。

❻ アレクサンダの『おそかった。』というのはどういういみですか。一つに○をつけましょう。　10点

ア（　）ウイリーはねずみになってしまったと思った。
イ（○）ウイリーはもうすてられてしまったと思った。
ウ（　）はやく走ったつもりがはやくなかったと思った。

❼ 考えを書こう　アレクサンダは、なぜ、❺のようなねがいごとをしたと思いますか。考えたことを書きましょう。　20点

れい ウイリーに、自分のように自ゆうにうごけるねずみになってほしかったから。

たしかめのテスト　104ページ

ひろがることば　これまで　これから

❶ ――線の言葉はどのような時につかいますか。□から えらんで、記号を書きましょう。　一つ15点(60点)

① やがて、二人はけっこんしました。（ア）
② どうして、きのうは学校を休んだのですか。（エ）
③ はるたさんよりまついさんのほうが、せが高い。（イ）
④ みんなで、大なわとびをしましょう。（ウ）

ア　時間のながれをあらわす言葉。
イ　くらべて言う時につかう言葉。
ウ　よびかける時につかう言葉。
エ　理由を聞く時につかう言葉。

❷ 言葉のなかま分けをします。（　）に合う言葉を□から えらんで書きましょう。　一つ10点(20点)

（どうぶつ）
→・ねこ　・犬　・うさぎ
→・しば犬　・プードル　・（チワワ）

チワワ　ねずみ　どうぶつ　茶色

❸ あなたがこの一年間の国語の学習で学んだことで、心にのこっていることを書きましょう。　20点

れい わたしは、「組み合わせてできているかん字」が心にのこっています。二つのかん字からべつのかん字ができるのがふしぎでした。

---

❶ 「いや、本当だ！」のすぐ後に、アレクサンダが見たものが書かれています。

❷ 最初の3行で、アレクサンダがむらさきの小石を見つけておどろいている様子がえがかれています。アレクサンダが、思いがけず小石を見つけて興奮しているのが分かります。

❸ 13～14行目で、アレクサンダはとかげを呼んでいます。

❹ アレクサンダは、自分が何かに変わるのではなく、ウイリーを自分みたいなねずみにしてもらうことを考えました。直後にあるアレクサンダが言った願いから、考えましょう。

ほかに、れい２ 前とねがいごとがかわったから。 なども正答とします。

❺ 24～25行目から、アレクサンダの願いごとをまとめましょう。

❻ 直前に「はこはあったけど、ああ、もうからっぽだった。」とあります。アレクサンダはウイリーがもう捨てられてしまったのだと思っています。

❼ ほかに、れい２ ウイリーがすてられそうだったので、たすけたかったから。 などの理由も考えられます。

おうちのかたへ

物語文の問題を解く際は、思いこみで答えを出すのではなく、文章中から手がかりや根拠（きょ）を見つけ、答えを導き出すようにします。読解の手がかりになる部分に線を引きながら読むのもよいでしょう。

❷ ほかにも、仲間の言葉（意味のつながりのある言葉）を身の回りから探してみましょう。仲間の言葉で、クイズを作ってみるのもよいでしょう。

❸ 二年生で学んだことで心に残っていることを書きましょう。その理由や、感じたことを書くとよりよくなります。

れい２ わたしは本でしらべて生きもののクイズを作ったのが楽しかったです。ほかの生きもののこともしらべたいです。 など、これからしてみたいことを書いてもよいでしょう。

夏のチャレンジテスト

教科書 上7〜93ページ

名前　　月　日

時間 40分

思考・判断・表現 /50　ごうかく80点 /100

答え28ページ

1 □によみがなを書きましょう。 1つ2点(6点)

① 図書館の人に話を聞く。　（としょ）（はなし）

② とおくに海が見える。　（うみ）

2 □に漢字を書きましょう。 1つ2点(8点)

① ケーキを切り分ける。

② 毎朝、本を一さつ読む。

3 つぎのもんだいに答えましょう。 1つ2点(4点)

① つぎの漢字の画数を書きましょう。　何　（七）

② 右の漢字の一画めをぬりましょう。

4 ―線の言葉を声に出してよむ時、高くよむ方のひらがなを書きましょう。 1つ3点(6点)

① 王様のすむしろ。　（ろ）

② きのう、あめがふった。　（あ）

5 つぎのかたかなの言葉にあてはまるものをあとからえらんで、記号で答えましょう。 1つ2点(8点)

① ヒヒーン　（ウ）

② ポップコーン　（ア）

③ ピューピュー　（エ）

④ イギリス　（イ）

ア 外国から入ってきた言葉
イ 外国の、地名や人の名前
ウ どうぶつのなき声
エ いろいろな音

6 つぎの言葉のあつまりは、どんななかまですか。あとからえらんで書きましょう。 1つ2点(8点)

① 赤・青・白　（色）

② はれ・くもり・雨　（天気）

③ 一円・百円・一万円　（お金）

④ なす・きゅうり・かぶ　（やさい）

時間　天気　さかな
お金　色　やさい

7 本をなくしてこまっている時、あなたならどんな言葉を言ってもらうとうれしいですか。考えて書きましょう。 10点

れい いっしょにさがそうよ。

うらにも もんだいが あります。

8 思考・判断・表現　文しょうをよんで、答えましょう。

「ここに ティーシャツが あります。これを きて ください。ともだちどうし むきあって、もようの つけっこを して みましょう。きょうの がようしは ティーシャツです」

それは、あいこ先生が 「100円ショップ」から かって きた ティーシャツです。白と きいろと みずいろが ありました。そこに もようを かこうと いうのです。

しゅうへいは きいろを もらいました。むきあった あさみちゃんは、白です。

「ほんとに、かいて いいの？」

まっさらな ティーシャツだもの。みんな どきどきして います。

「ほらほら、すきなように どんどん かきなさい」

あいこ先生が おうえんします。

ちかくに クチナシの 木が ありました。あさみちゃんは、その はっぱを とって きて、はっぱに あおい えのぐを つけると、しゅうへいの ティーシャツの むねの あたりに おきました。

「フ、フ、フ、フ」

しゅうへいが、くすぐったがって います。小さい こえが でて います。

「しゅうへいくんが わらってる」

あさみちゃんは うれしく なって、えのぐを つけなおしては、なんかいも おきました。

宮川ひろ「きょうは いい日だね」より

(1) あいこ先生が ティーシャツを かって きたのは、なにを する ためですか。 5点

（もようのつけっこ。）

(2) ティーシャツは、何色 ありますか。 5点

（三色）

(3) 「みんな どきどきして います。」と ありますが、どきどきして いるのは なぜですか。一つに ○を つけましょう。 5点

ア（ ）もようを かくのが、にがてだから。
イ（ ）ティーシャツが だれの ものか、わからないから。
ウ（ ）ティーシャツを もらって うれしいから。
エ（○）ティーシャツを よごしては いけない 気が するから。

(4) しゅうへいが くすぐったがったのは、なぜですか。 1つ5点(15点)

（あさみちゃん）が、（むね）のあたりに（はっぱ）をおいたから。

(5) あさみちゃんは どんな ことに 気づいて、うれしく なったのですか。 10点

れい しゅうへい(くん)がわらったこと。

(6) しゅうへいの ティーシャツは どんなふうに なって いるでしょうか。 10点

れい あおいはっぱのもようがたくさんついている。

---

3 ②「何」の書き順は、次の通りです。

ノ イ 仁 仃 何 何 何

4 音の調子が違うと、意味の違う別の言葉になります。

①「し」を高く読めば「白」に、「ろ」を高く読めば「城」になります。

②「あ」を高く読めば「雨」に、「め」を高く読めば「飴」になります。

5 外国から入ってきた言葉、外国の地名や人の名前、動物の鳴き声、いろいろな音は、かたかなで書きます。かたかなには、ひらがなではふつう使われない「ー」（のばす記号）があります。かたかなの書き方を確かめておきましょう。

6 言葉が仲間ごとにまとめられるということをとらえましょう。このほかにも、「方角」「季節」「食べもの」「動物」などの言葉の仲間探しをしてみましょう。

7 どんな時にどんな言葉をかけられるとうれしいのかを確かめましょう。場面に合った内容であれば正答とします。

れい2 「きっとみつかるよ。」

とはげます内容もよいでしょう。

8 (1)あいこ先生は、ティーシャツを使って、何をしてみようと言っているかを読み取りましょう。

(3)ふだんだったら、着ているものに絵の具をつけたら、おうちの人からしかられてしまうかもしれません。ふつうはしないようなことをしようとしているので、どきどきするのです。

(5)あさみちゃんが「うれしく」なった時、「しゅうへいくんが　わらってる」と書かれています。模様をつけられているしゅうへいがうれしそうなので、あさみちゃんもうれしいのです。

(6)しゅうへいのティーシャツには、あさみちゃんが模様をつけています。あさみちゃんは、クチナシの木の葉っぱに青い絵の具をつけて、しゅうへいのティーシャツに何回も置きました。ですから、しゅうへいのティーシャツには、青い葉っぱの形がいくつもついているはずです。

れい2 むねのあたりにあおいくちなしのはっぱのかたちがいくつもついている。

のように書くこともできます。

おうちのかたへ

一年生と比べて少しずつ書き順の多い漢字を学習しています。正しい書き順で書くことができるように、漢字を書く練習をしましょう。

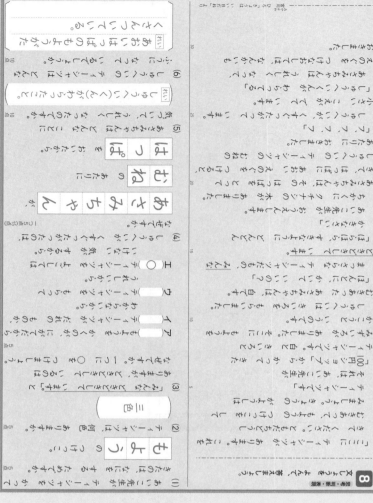

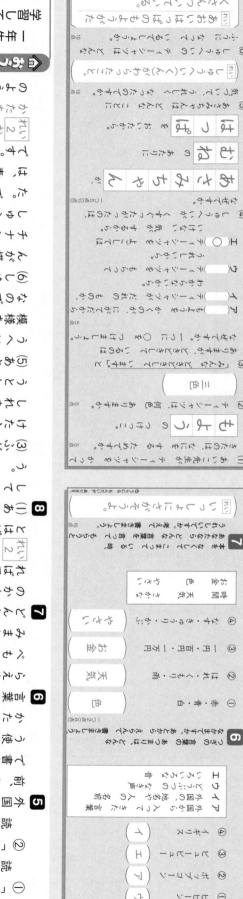

冬のチャレンジテスト

教科書 上96〜下83ページ

名前　　　月　　日

時間 40分

思考・判断・表現　／50

ごうかく80点　／100

答え29ページ

1 （　）に読みがなを書きましょう。　一つ2点(8点)

① 肉（にく）とやさいを食（た）べる。

② 朝からよく晴（は）れている。

③ 広い道と細い道が交（まじ）わる。

2 □に漢字を書きましょう。　一つ2点(8点)

① 理科（りか）のべんきょう。

② 顔（かお）や頭（あたま）をあらう。

③ 弟に字を教（おし）える。

3 つぎの――線の言葉を、漢字とひらがなで書きましょう。　一つ2点(12点)

① うしろをむく。　後ろ

② 家にかえる。　帰る

③ 人がすくない。　少ない

④ 本がうれる。　売れる

⑤ 力をつよめる。　強める

⑥ まとにあたる。　当たる

4 ――線の言葉とはんたいのいみの言葉を書きましょう。　一つ3点(6点)

① えきから近い。　遠い

② 七時におきる。　ねる

5 つぎの――線の言葉とにたいみの言葉を、あとからえらんで書きましょう。　一つ3点(6点)

① じてんしゃで、道をよこぎる。（どうろ）

② おもしろいえいがを見る。（ゆかいな）

めずらしい　ゆかいな　線　どうろ

6 おふろそうじをしたことを話そうと思います。つぎのもんだいに答えましょう。

① つぎの文は、どのようなじゅんじょで話すとよいですか。（　）に1〜3のばんごうを書きましょう。　完答6点

（2）つぎに、スポンジにせんざいをつけてこすります。

（3）さいごに、せんざいをながして、おわりです。

（1）はじめに、水をぬきます。

② つぎの文の中で、りゆうをあらわす言い方になっているものはどれですか。よいもの一つに○をつけましょう。　4点

ア（　）ぼくは、おふろそうじをするのがすきです。

イ（○）ていねいにそうじすると、おふろがピカピカになるからです。

ウ（　）これからも、おふろそうじをつづけようと思います。

※うらにももんだいがあります。

7 思考・判断・表現　文章を読んで、答えましょう。

いずもの国から　おとなりの　いなばの国へ行く　とちゅうの　海岸を、八十人の　兄弟のかみさまが、行列を　作って　歩いていました。

すると、うさぎが　一ぴき、はだかでふるえて　いました。八十人の　兄弟は、「海の　水で　体を　あらって、それから風に　ふかれて　よく　かわかせば、そのうち　毛が　生えて　くるさ。」と　言って、みんな　わらいながら　そばを通って　いきました。

うさぎが　言われた　とおりに　すると、しお水が　かわいて　くるに　つれて、風が当たると、体中　ひりひりして　きました。うさぎは　いたくて　たまらず、ころげながらおいおい　ないて　いました。

八十人の　兄弟の　いちばん　おしまいに、おおくにぬしが　いました。

「うさぎくん、どう　したんだい？　わけを話して　ごらん。」

と、おおくにぬしが　やさしく　たずねました。

うさぎは　赤い　目を　ぱちぱちさせて、「あなたは　親切な　かたです。じつは、こういう　わけなんですよ。」

と、話しはじめました。

ふくなが　たけひこ「いなばの　しろうさぎ」より

(1) 八十人の　兄弟の　かみさまは、どこからきましたか。　5点

（いずもの国）

(2) 八十人の　兄弟の　かみさまが　うさぎと出会った時、うさぎは　どんな様子でしたか。　5点

れい　はだかでふるえていた。

(3) 八十人の　兄弟の　かみさまは、うさぎに何を　するように　言いましたか。　10点

れい　海の水で体をあらって、それからかぜにふかれてよくかわかすように言った。

(4) 「みんな　わらいながら　そばを　通っていきました」と　ありますが、「みんな」とはだれの　ことですか。　5点

（八十人の兄弟（のかみさま））

(5) うさぎは、なぜ　ないて　いたのですか。　10点

れい　体中ひりひりして、いたくてたまらなかったから。

(6) うさぎは、おおくにぬしの　ことをどのように　思いましたか。　5点

れい　親切なかただ　と　思った。

(7) (4)で　みんなは　どうして　わらっていたと　思いますか。考えて　書きましょう。　10点

れい　うさぎが、自分たちが言ったことをうそだと気づかずに、しんじているようすだったから。

3 ①「後」は訓読みの場合、送りがなをつけないと、読み方は「あと」「のち」になります。

③「少ない」は「少い」「少くない」などと送りがなを誤りやすい字です。「少」には「少し」という読みもあるので覚えておきましょう。

4 漢字を覚える時に、反対の意味の言葉（対義語）も一緒に学習すると、語彙を増やすのに効果的です。

①「近い」の反対の意味の言葉は「遠い」です。組にして覚えましょう。

5 類義語は、たがいに一組だけとは限らず、複数の類義語をもつ場合もあります。

6 ①話の順序を表す言い方「はじめに」「つぎに」「さいごに」に注目しましょう。このほかにも、「一つめは～、二つめは～」という言い方もあります。

②理由を表す言い方には、「～（だ）からです」のほかにも、「そのわけは、」「なぜかというと、」などがあります。

7 (1)1～2行目に「いずもの国から　おとなりのいなばの国へ　行く　とちゅう」とあることから分かります。

(2)5～6行目に注目し、うさぎの様子をまとめましょう。

(3)7～9行目の会話文をまとめます。

(4)直前の会話文を言っているのはだれかを考えましょう。

(5)うさぎが泣いている様子は15～16行目に書かれています。八十人の兄弟に言われたとおりにした結果どのようになったのかをまとめましょう。

(6)最後から3行目のうさぎの会話文の内容に着目しましょう。

(7)八十人の兄弟がうさぎをだましていることが書けていれば正答とします。

れい2　うさぎにうそを言っていじわるをすることを楽しんでいるから。

と八十人の兄弟の気持ちを考えて書いても正答です。

おうちのかたへ

「いなばの白うさぎ」の、うさぎがオオクニヌシに出会った場面です。うさぎの様子に着目しながら、オオクニヌシとの会話を読み取りましょう。

春のチャレンジテスト

教科書 下84～157ページ

名前　　月　　日

時間 40分　思考・判断・表現 ／50　ごうかく80点 ／100

答え30ページ

1 （　）に読みがなを書きましょう。 一つ2点（6点）

① 交番（こうばん）の前で車が止（と）まる。

② 答えが明（あき）らかになる。

2 □に漢字を書きましょう。 一つ2点（6点）

① 京（きょう）都へ行く。　② 鳥が鳴（な）く。

③ 歌（うた）がひびきわたる。

3 つぎの部分を組み合わせると、どのような漢字になりますか。□に書きましょう。 一つ2点（8点）

① 日＋寺　時　② 王＋里　理

③ 口＋夕　名　④ 耳＋門　聞

4 つぎの（　）にあてはまる言葉を、□からえらんで書きましょう。 一つ4点（8点）

① けむりが（もくもく）出る。

② 雨が（ザーザー）ふる。

ぎらぎら　もくもく　ザーザー　バリバリ

5 つぎの文の形はあとのどれにあてはまりますか。記号で答えましょう。 一つ3点（12点）

①（エ）風がつめたい。

②（イ）雨がふる。

③（オ）妹は一年生だ。

④（カ）友だちも来た。

ア　だれが　どうする
イ　何が　どうする
ウ　だれが　どんなだ
エ　何が　どんなだ
オ　だれは　なんだ
カ　だれも　どうした

6 つぎは、アの家の図のかき方をせつめいした文章です。これについて、あとのもんだいに答えましょう。 一つ5点（10点）

ア

イ

家の図のかき方をせつめいする。
はじめに、やねをかきます。うわむきの三角です。
つぎに、やねの下の部分の四角を、□かきます。
さいごに、まどの四角を左の上の方に、ドアの長い四角を右にかきます。

① 「せつめいする」の文のおわりの言い方を、ほかの文と同じにするには、どう書けばよいですか。

（せつめいします）

② イの図のようになってしまわないように□にせつめいする言葉を書きましょう。

（れい　やねにつけて）

うらにももんだいがあります。

7 思考・判断・表現　文章を読んで、答えましょう。

川のところまで来ると、クロは立ち止まりました。

ワン、ワン、ワン、ワン。

かわべの大きな木の下で、犬がほえたてています。

上を見上げると、シロがえだにしがみついているのが小さく見えました。

（やっぱり。）

と、クロは思いました。

クロはしばらく考えてから、回れ右をしてはしをわたりました。

はんたいがわの川岸にそって、大きな木のむかいがわまで来ました。

そして、小さな声で、

「シロ。」

とよびました。

（あ、クロだ。クロがたすけに来てくれた。）

と、シロはすぐにわかりました。

「えだをつたわってこっちにおいで。」

と、クロは言いました。

なんにも聞こえなかった犬は、あいかわらず、ワンワンとほえています。

シロは、そろそろとえだをつたわって、クロの方に歩いていきました。

細いえだまで来ると、クロは、

「かまわずどんどん。」

と言いました。

シロが細いえだをかまわずどんどん歩いていくと、木のえだはしなって、川の上におちかかります。

クロは、すすきのほを川の上にさし出してやると、

「さあ、ここまでとびな。」

と言いました。

「えい！」

と、シロはジャンプしました。

令和二年度版　教育出版「ひろがることば　小学国語　二下」
西巻　茅子「かまわずどんどん」より

(1) 「クロは立ち止まりました。」とありますが、なぜ、立ち止まったのですか。 5点

（れい　かわべの大きな木の下で、犬がほえたてていたから。）

(2) クロが川のところに来た時、シロはどうしていましたか。 5点

（れい　木のえだにしがみついていた。）

(3) 「クロはしばらく考えて」とありますが、何を考えていたのですか。 一つ5点（10点）

（シロ）を（れい　たすける）ほうほう。

(4) 「小さな声で」とありますが、クロが小さな声でシロをよんだのは、なぜですか。一つに○をつけましょう。 10点

ア（　）たくさん歩いてつかれていたから。
イ（　）シロをびっくりさせたくなかったから。
ウ（○）犬に、自分がいることを気づかれたくなかったから。
エ（　）一人ぼっちでいるシロをかわいそうに思ったから。

(5) クロが「かまわずどんどん。」と言ったのはなぜですか。一つに○をつけましょう。 10点

ア（　）シロをいそがせようと思ったから。
イ（　）えだがおれてしまいそうだったから。
ウ（　）こわがっているシロにはらが立ったから。
エ（○）心細くなっているシロをゆう気づけたかったから。

(6) シロは、どんな気持ちでジャンプしたと思いますか。考えて書きましょう。 10点

（れい　はじめはこわかったけれど、きっとだいじょうぶだと思ってジャンプした。）

---

3 ①②は、左と右、③は上と下、④は外と内の組み合わせです。

4 ①けむりが出ている様子を表す言葉が当てはまります。

②雨がふる音を表す言葉が当てはまります。

5 「だれが」や「何が」を表す言葉が主語、「どうする」や「どんなだ」、「なんだ」を表す言葉が述語で、文の基本となる部分です。

①「風が」（何が）が主語、「つめたい」（どんなだ）が述語です。

②「雨が」（何が）が主語、「ふる」（どうする）が述語です。

③「妹は」（だれは）が主語、「一年生だ」（なんだ）が述語です。

④「友だちも」（だれも）が主語、「来た」（どうした）が述語です。

6 ①ほかの文は「です・ます」を使った丁寧（ていねい）な言い方です。「せつめいする」をほかの文と同じように、丁寧（ていねい）な言い方で書きます。

7 (1)1～5行目から、犬の鳴き声が聞こえてクロは立ち止まったと分かります。

(2)6～7行目をまとめましょう。

(3)しばらく考えた後のクロの行動に注目しましょう。17行目で「クロがたすけに来てくれた。」とシロが思ったことからも読み取れます。

(4)クロは、シロを助けるために、シロにだけ聞こえるように「小さな声で」呼んだのです。21～22行目に「なんにも聞こえなかった犬は」とあることからも、犬に気づかれないように小さな声で呼んだことが分かります。

(5)23行目「シロは、そろそろとえだをつたわって」とあることから、シロがこわがっている様子が読み取れます。シロをはげまして、「こっち」に来させるように声をかけたのです。文の内容に着目しましょう。

(6)「えい！」と言いながらジャンプしていることから、思い切ってとんでいる様子が分かります。クロのおかげで、シロが勇気を出してとんだことをとらえていれば正答とします。

れい2　クロがはげましてくれたのでゆうきを出そうという気持ち。

など、「～気持ち。」と答えてもよいでしょう。

おうちのかたへ

音を表す言葉はふつうかたかなで書き、様子を表す言葉はひらがなで書きます。

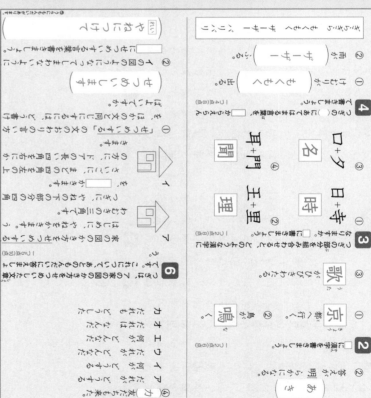

4 何の音、何の様子を表しているかを考えて、ふさわしい音や様子を表す言葉を見つけましょう。

5 調べたことを書くことについての問題です。

①作文の二つ目の段落では、調べてくわがたを飼う準備をしたことを書いています。ここから読み取りましょう。

②「くわがたのかいかたメモ」に書いてある言葉を参考にします。アは「かんさつケース」に関係のある一つ目のメモ、イは「えさ」についての二つ目のメモに書いてあります。空欄にあてはめて、不自然でない形で答えましょう。

③あきらさんの気持ちは、最後に書かれています。「文」なので、丸（。）で終わる全体をぬき出します。

6 (1)「そして、親指は、ほかの四本の指と向かい合う形をとる」とあります。これがどのような状態かを、実際に手を動かして観察しましょう。

(2)「ここ」は手のどこかではなく、前の文で言った事柄を指しています。指し示す言葉が出てきた時は、まず、すぐ前を探し、ない時はさらに前にさかのぼり、それでもない時は後の部分を確かめましょう。

(3)「親指をほかの指としっかり向き合わせること」で、どのようなことができるのかを読み取りましょう。

(4)23〜26行目の「それは……動かしているんだ。」の段落に説明されています。親指を動かしているのは「このきん肉のかたまり」で、「この」は「親指のつけ根が大きくもり上がっている」ことを指しています。

(5)文章に関係のある内容について、自分なりに思ったことが書けていれば正答とします。

れい2 ヒトやサルのなかましかできないうごきがほかにもあるのか知りたいと思った。

など、興味を広げるのもよいでしょう。

おうちのかたへ

説明文を読み解く問題です。指し示す言葉が指している内容や、同じことを言っている言葉に注意して、説明されている事柄をまちがいなくとらえましょう。

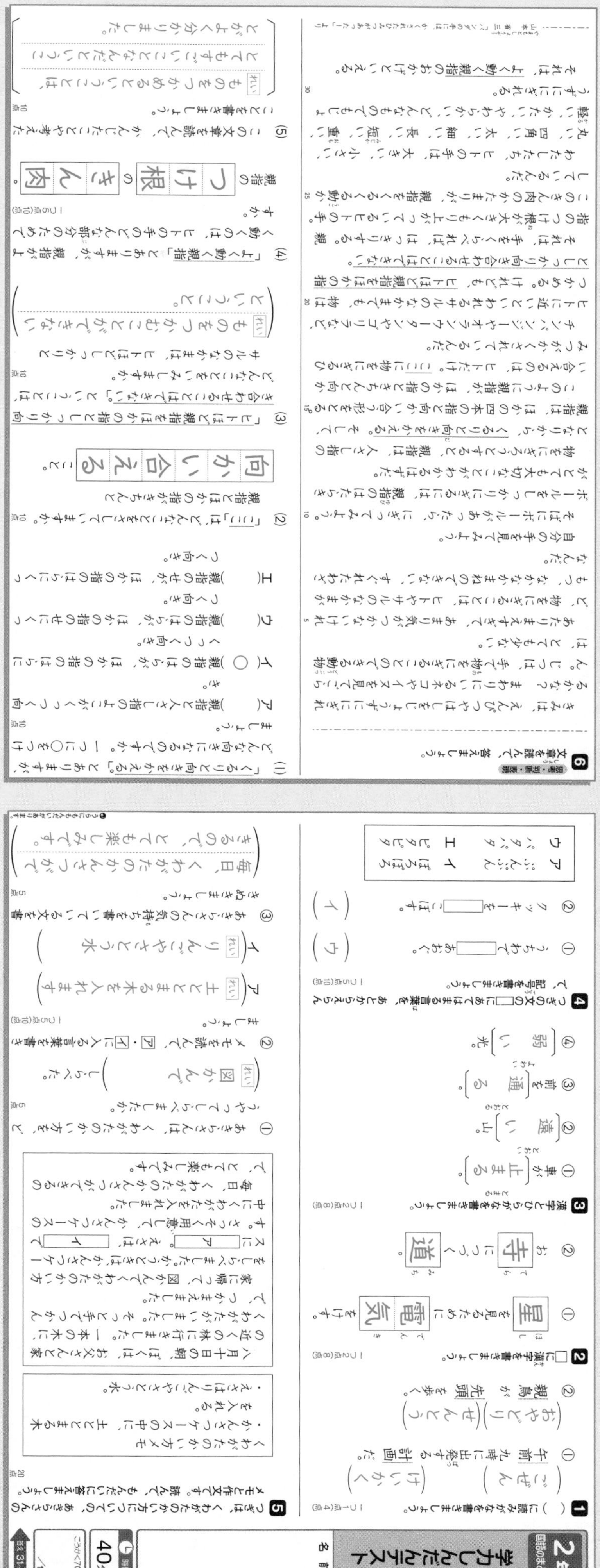

ふろく　とりはずしておつかいください。

漢字 せんもんドリル

2年生で　ならう　かん字

テストに　よく　出る　もんだいに　ちょうせんしよう！

2年　　組

1 あ行の かん字 引・羽・雲・園・遠
か行の かん字① 何・科・夏・家・歌・画・回・会・海・絵・外・角・楽・活・間・丸・岩・顔

／100

テストに よくでる 1位（い）

1 ――線の かん字の 読みがなを 書こう。 一つ3点〔24点〕

① すきな 曲（きょく）を 歌う。（　　）
② 遠足に 出かける。（　　）
③ とくいな 科目（もく）。（　　）
④ あさから 外出（しゅつ）する。（　　）
⑤ 目を 三角に する。（　　）
⑥ 人間の くらし。（　　）
⑦ 画家に なる。（　　）
⑧ 家と へいの 間。（　　）

2 □に 合う かん字を 書こう。 一つ4点〔56点〕

① はいいろの □（あまぐも）。
② □（いえ）で すごす。

3 つぎの ――線を、かん字と おくりがなで 書こう。 一つ2点〔20点〕

① ひき算を する。〔　　〕
② みんなで うたう。〔　　〕
③ たのしい 一日。〔　　〕
④ まるい ボール。〔　　〕

③ ぼくの すきな □（うた）。

④ 映（えい）□（が）を 見る。

テストによくでる2位（い）

⑤ に □□（がおえ）を かく。

⑥ ようち□（えん）の 子ども。

⑦ □□（なんかい）も 見る。

⑧ □（なつ）の はじめ。

⑨ 大きな □（うみ）。

⑩ □□（おんがく）を きく。

テストによくでる3位（い）

⑪ □□（いわやま）に のぼる。

⑫ とりの □（はね）。

⑬ しずかな □□（せいかつ）。

⑭ □（かい）ぎに 出る。

⑤ テレビを たのしむ。

⑥ つなを ひく。

⑦ 目が まわる。

⑧ えきまでは とおい。

⑨ ともだちに あう。

⑩ コマを まわす。

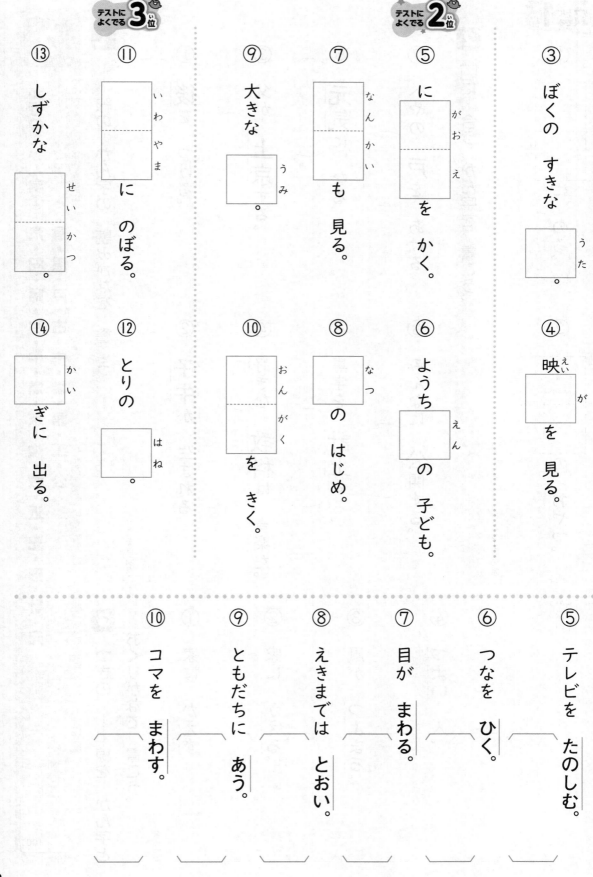

2 か行の かん字②

汽・記・帰・弓・牛・魚・京・強・教・近・兄・形・計・元・言・原・戸・古・午・後・語・工・公

／100

1 ――線の かん字の 読みがなを 書こう。 一つ3点（24点）

①（　）後を つける。

②（　）子牛が 生まれる。

③ 父が（　）上京する。

④ 好(す)きな（　）教科は 音楽だ。

⑤（　）元気に なる。

⑥ 黒字を（　）計上する。

⑦ へやの（　）戸を あける。

⑧ みんなに（　）公開(かい)する。

2 □に 合う かん字を 書こう。 一つ4点（56点）

① □□(きしゃ)に のる。

② □□(ごご)の おやつ。

3 つぎの ――線を、かん字と おくりがなで 書こう。 一つ2点（20点）

① 家に かえす。（　）

② 家に かえる。（　）

③ 風が つよまる。（　）

④ つよい 人。（　）

テストによくでる2位

③ ［こざかな］のフライ。

④ 力が［つよ］い。

⑤ ［ごがく］をまなぶ。

⑥ ［こう］事（じ）をする。

⑦ ［にっき］をかく。

⑧ ［あに］とあそびにいく。

⑨ ［げんき］な男の子。

⑩ ［あと］をついてくる。

テストによくでる3位

⑪ 長い［ゆみ］をひく。

⑫ 気持（も）ちを［い］う。

⑬ 丸い［かたち］をかく。

⑭ ［はら］っぱをかけ回る。

---

⑤ うしろをあるく。（　　）

⑥ 字をおしえる。（　　）

⑦ きよりがちかい。（　　）

⑧ 何かいう。（　　）

⑨ ふるいやしき。（　　）

⑩ ちかくを通る。（　　）

3 かん字③ 広・交・光・考・行・高・黄・合・谷・国・黒・今
さ行の かん字① 才・細・作・算・止・市・矢・姉・思・紙・寺

/100

1 ——線の かん字の 読みがなを 書こう。 一つ3点(24点)

① 白紙（はく）に もどす。

② 今、帰って きた。

③ 考えを のべる。

④ 山国で そだつ。

⑤ 今後の よてい。

⑥ うつくしい 光。

⑦ 市場で はたらく。

⑧ 弓矢の 名人。

2 □に 合う かん字を 書こう。 一つ4点(56点)

① アメリカとの □□（がいこう）。

② □（き）色い たんぽぽ。

3 つぎの ——線を、かん字と おくりがなで 書こう。 一つ2点(20点)

① ひろい 家に すむ。

② 足を とめる。

③ しっかり 話しあう。

④ 歌を つくる。

テストによくでる2位

③ □（たにがわ）を　ながめる。

④ □（こくご）の　本。

⑤ サイズを　□（あ）わせる。

⑥ □（ぎょう）列（れつ）に　ならぶ。

⑦ □（てんさい）と　よばれる。

⑧ □（けいさん）が　はやい。

⑨ □（あね）が　ピアノを　ひく。

⑩ □（しろくろ）を　つける。

テストによくでる3位

⑪ □（こく）板（ばん）を　けす。

⑫ 走り　□（たか）とび

⑬ 古い　お□（てら）。

⑭ うすい　□（かみ）を　きる。

---

⑤ くろい　雲が　ひろがる。〔　　〕

⑥ よく　かんがえる。〔　　〕

⑦ ほそい　ひもで　むすぶ。〔　　〕

⑧ うれしく　おもう。〔　　〕

⑨ たかい　山に　のぼる。〔　　〕

⑩ 気が　あう　人。〔　　〕

4 さ行の かん字②

自・時・室・社・弱・首・秋・週・春・書・少・場・色・食
心・新・親・図・数・西・声・星・晴

／100

1 ——線の かん字の 読みがなを 書こう。 一つ3点(24点)

① 自国語を 話す。（　　）
② 力を 弱める。（　　）
③ 春に さく 花。（　　）
④ 多数の 声が 上がる。（　　）
⑤ 食べ物を 買う。（　　）
⑥ 雨の 場合は 休みだ。（　　）
⑦ 心に ちかう。（　　）
⑧ 手首を つかむ。（　　）

2 □に 合う かん字を 書こう。 一つ4点(56点)

① 小さな 町 □（こうば）。
② □（なないろ）の にじ。

3 つぎの ——線を、かん字と おくりがなで 書こう。 一つ2点(20点)

① よわい 音が 出る。（　　）
② いきおいが よわまる。（　　）
③ すくない 人数で かつ。（　　）
④ すこしだけ もつ。（　　）

③ □（ず）で　しめす。

④ □□（しんこう）を　ふかめる。

テストによくでる2位

⑤ □□（じかん）を　はかる。

⑥ □□（かいしゃ）で　はたらく。

⑦ □□（こんしゅう）の　できごと。

⑧ □□（としょ）いいん

⑨ □（あき）めいて　くる。

⑩ □（こころ）に　強く　ねがう。

テストによくでる3位

⑪ □□（にしぐち）から　出る。

⑫ □（ほし）が　かがやく。

⑬ □□（おおごえ）で　さけぶ。

⑭ □□（きょうしつ）に　入る。

⑤ ノートに　字を　かく。（　　）

⑥ 十まで　かぞえる。（　　）

⑦ べんとうを　たべる。（　　）

⑧ あたらしい　年。（　　）

⑨ よく　はれた　日。（　　）

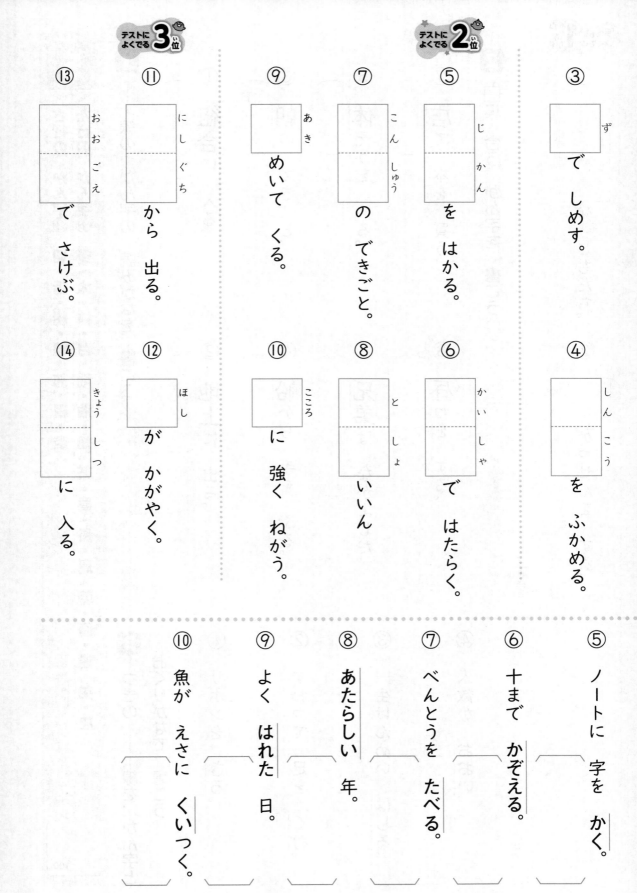

⑩ 魚が　えさに　くいつく。（　　）

テストによくでる1位

5 さ行の かん字③ 切・雪・船・線・前・組・走
た行の かん字① 多・太・体・台・地・池・知・茶・昼・長・鳥・朝・直・通・弟・店

／100

1 ――線の かん字の 読みがなを 書こう。 一つ3点（24点）

① 組合（　　）に 入る。

② 地上（　　）に 出る。

③ 朝（　　）の できごと。

④ 船（　　）から 手を ふる。

⑤ 体（　　）そうを する。

⑥ 兄弟（　　）は なかよしだ。

⑦ 店（　　）で 本を 買う。

⑧ 昼（　　）ねを する。

2 □に 合う かん字を 書こう。 一つ4点（56点）

① □□（たいせつ）な ともだち。

② □（ゆき）がっせんを する。

3 つぎの ――線を、かん字と おくりがなで 書こう。 一つ2点（20点）

① リボンを きる。（　　）

② すわって 足を くむ。（　　）

③ 一生けんめい はしる。（　　）

④ 人数が おおい。（　　）

③ ［　］（いけ）に いる 魚。

④ ［　｜　］（ひるまえ）に 帰る。

テストによくでる2位

⑤ ［　］（あさ）ごはんを 食べる。

⑥ ［　｜　］（ごぜん）七時

⑦ ［　］（おとうと）は かしこい。

⑧ 大きな ［　］（からだ）。

⑨ ［　］（せん）を かく。

⑩ ［　｜　］（ちゃいろ）の ぼうし。

テストによくでる3位

⑪ 大きな ［　］（ふね）に のる。

⑫ 生き物の ［　］（とお）り道。

⑬ めずらしい ［　］（とり）。

⑭ ［　］（だい）の 上に のる。

⑤ <u>ふとい</u> えだを 切る。（　　）

⑥ あなに 糸を <u>とおす</u>。（　　）

⑦ 新しい ことを <u>しる</u>。（　　）

⑧ <u>ながい</u> 夏が おわる。（　　）

⑨ まちがいを <u>なおす</u>。（　　）

⑩ 車が たくさん <u>とおる</u>。（　　）

テストによくでる1位

6 た行の かん字② 点・電・刀・冬・当・東・答・頭・道・同・読 は行の かん字① 馬・売・買・麦・半・番・父・風・分 な行の かん字 内・南・肉

／100

1 ――線の かん字の 読みがなを 書こう。 一つ3点(24点)

① 刀を ふり回す。（　）

② もうすぐ 冬だ。（　）

③ 東京で くらす。（　）

④ 答えを 見つける。（　）

⑤ 風に あおられる。（　）

⑥ 道を まちがえる。（　）

⑦ 馬に またがる。（　）

⑧ 南から やって くる。（　）

2 □に 合う かん字を 書こう。 一つ4点(56点)

① テストの □□（てんすう）。

② □（あたま）を かかえる。

3 つぎの ――線を、かん字と おくりがなで 書こう。 一つ2点(20点)

① ボールが あたる。（　）

② といかけに こたえる。（　）

③ もんだいの こたえ。（　）

④ おなじ 大きさの 絵。（　）

③ ［でんわ］を　かける。

④ ［はんぶん］だけ　もらう。

テストによくでる2位

⑤ ［どくしょ］を　楽しむ。

⑥ ［ほんとう］の　こと。

⑦ ［いちばん］に　おきる。

⑧ ［やまみち］を　あるく。

⑨ あたたかい　［みなみかぜ］。

⑩ コップの　［うち］がわ。

テストによくでる3位

⑪ ［こむぎ］の　さいばい。

⑫ ［にく］を　食べる。

⑬ ［おな］じ　色の　服（ふく）。

⑭ ［ちちおや］は　先生だ。

---

⑤ 思い切って　かう。（　　）

⑥ くりかえし　よむ。（　　）

⑦ たまごを　うる。（　　）

⑧ 二人で　わける。（　　）

⑨ 答えが　わかる。（　　）

⑩ まとに　あてる。（　　）

7 は行の かん字② 聞・米・歩・母・方・北 ま行の かん字 毎・妹・万・明・鳴・毛・門
や行の かん字 夜・野・友・用・曜 ら行・わ行の かん字 来・里・理・話

／100

1 ――線の かん字の 読みがなを 書こう。 一つ3点（24点）

①（　　）友だちを つくる。
②（　　）お米を たく。
③（　　）北を 目指す。
④（　　）一万円さつ
⑤（　　）明け方に 出かける。
⑥（　　）門の 前で 待つ。
⑦（　　）野原を さまよう。
⑧（　　）理科の べんきょう。

2 □に 合う かん字を 書こう。 一つ4点（56点）

① □（よる）に なる。
② □□（まいあさ）の ランニング。

3 つぎの ――線を、かん字と おくりがなで 書こう。 一つ2点（20点）

① いけんを きく。（　　）
② 校内を あるく。（　　）
③ 声が きこえる。（　　）
④ あかるい 気分に なる。（　　）

テストによくでる2位

③ 名前を［き］く。

④ ［らいしゅう］外出（しゅっ）する。

⑤ 西の［ほうがく］。

⑥ ［はは］から教えられる。

⑦ ［よなか］におきる。

⑧ ［しんゆう］がいる。

⑨ ［ようび］をきく。

⑩ ［よう］心（じん）ぶかい人。

テストによくでる3位

⑪ うまれた［さと］に帰る。

⑫ おもしろい［はなし］。

⑬ ［いもうと］とでかける。

⑭ ［けむし］の多い木。

⑤ 夜があける。（　　）

⑥ 子犬がなく。（　　）

⑦ かねが三回なる。（　　）

⑧ 遠くからくる。（　　）

⑨ ゆっくりとはなす。（　　）

⑩ あるきながらはなす。（　　）

8 二年生で ならった かん字

1 ――線の かん字の 読みがなを 書こう。 一つ2点(16点)

① どんよりした 雨雲。（　　）

② 自分の 気持ちを 言う。（　　）

③ 工事(じ)の 音が する。（　　）

④ 生活を よく する。（　　）

⑤ 谷川の そばを 歩く。（　　）

⑥ アメリカとの 外交。（　　）

⑦ 大切な 家ぞく。（　　）

⑧ 午前八時に 出かける。（　　）

2 □に 合う かん字を 書こう。 一つ3点(24点)

① □(みち)を ひたすら 進(すす)む。

② 本が □(う)れる。

4 つぎの ――線を、かん字と おくりがなで 書こう。 一つ4点(40点)

① 楽しく うたう。（　　）

② 家まで とおい。（　　）

③ 学校から ちかい。（　　）

④ 声が きこえる。（　　）

／100

③ 学校の 正（せい）□（もん）。

④ □（りか）を 勉強する。

⑤ □（さんかく）に おる。

⑥ □（あと）から ついて いく。

⑦ □（げんき）に なる。

⑧ □（ゆみや）の れんしゅう。

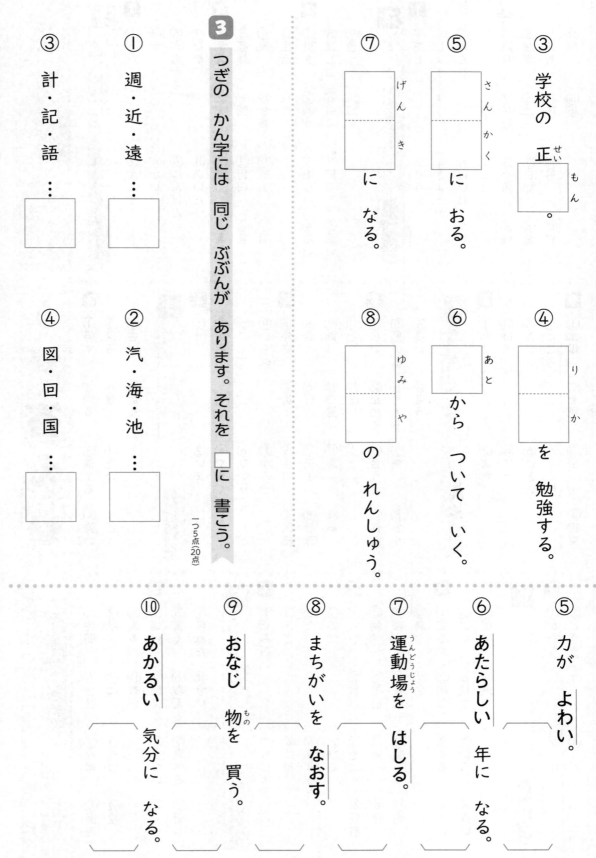

3 つぎの かん字には 同じ ぶぶんが あります。それを □に 書こう。 一つ5点（20点）

① 週・近・遠 … □

② 汽・海・池 … □

③ 計・記・語 … □

④ 図・回・国 … □

⑤ 力が よわい。（　　）

⑥ あたらしい 年に なる。（　　）

⑦ 運動場（うんどうじょう）を はしる。（　　）

⑧ まちがいを なおす。（　　）

⑨ おなじ 物（もの）を 買う。（　　）

⑩ あかるい 気分に なる。（　　）

答え

1　2・3ページ

1
①うた　②えんそく
③か　④がい
⑤さんかく　⑥にんげん
⑦がか　⑧あいだ

2
①雨雲　②家　③歌　④画
⑤顔絵　⑥園　⑦何回　⑧夏
⑨海　⑩音楽　⑪岩山　⑫羽
⑬生活　⑭会

3
①引き　②歌う　③楽しい　④丸い
⑤楽しむ　⑥引く　⑦回る　⑧遠い
⑨会う　⑩回す

2　4・5ページ

1
①あと　②こうし
③じょうきょう　④きょうか
⑤げんき　⑥けいじょう
⑦と　⑧こう

2
①汽車　②午後　③小魚　④強
⑤語学　⑥工　⑦日記　⑧兄
⑨元気　⑩後　⑪弓　⑫言
⑬形　⑭原

3
①帰す　②帰る　③強まる　④強い
⑤後ろ　⑥教える　⑦近い　⑧言う
⑨古い　⑩近く

3　6・7ページ

1
①し　②いま
③かんが　④やまぐに
⑤こんご　⑥ひかり
⑦いちば　⑧ゆみや

2
①外交　②黄　③谷川　④国語
⑤合　⑥行　⑦天才　⑧計算
⑨姉　⑩白黒　⑪黒　⑫高
⑬寺　⑭紙

3
①広い　②止める　③合う　④作る
⑤黒い　⑥考える　⑦細い　⑧思う
⑨高い　⑩合う

4　8・9ページ

1
①じこくご　②よわ
③はる　④すう
⑤た　⑥ばあい
⑦こころ　⑧てくび

2
①工場　②七色　③図　④親交
⑤時間　⑥会社　⑦今週　⑧図書
⑨秋　⑩心　⑪西口　⑫星
⑬大声　⑭教室

3
①弱い　②弱まる　③少ない　④少し
⑤書く　⑥数える　⑦食べる　⑧新しい
⑨晴れた　⑩食い

5　10・11ページ

1
①くみあい　②ちじょう
③あさ　④ふね
⑤たい　⑥きょうだい
⑦みせ　⑧ひる

2
①大切　②雪　③池　④昼前
⑤朝　⑥午前　⑦弟　⑧体
⑨線　⑩茶色　⑪船　⑫通
⑬鳥　⑭台

3
①切る　②組む　③走る　④多い
⑤太い　⑥通す　⑦知る　⑧長い
⑨直す　⑩通る

6　12・13ページ

1
①かたな　②ふゆ
③とうきょう　④こた

⑤かぜ ⑥みち
⑦うま ⑧みなみ

2
①点数 ②頭 ③電話 ④半分
⑤読書 ⑥本当 ⑦一番 ⑧山道
⑨南風 ⑩内 ⑪小麦 ⑫肉
⑬同 ⑭父親

3
①当たる ②答える ③答え ④同じ
⑤買う ⑥読む ⑦売る ⑧分ける
⑨分かる ⑩当てる

7 14・15ページ

1
①とも ②こめ
③きた ④いちまんえん
⑤あ ⑥もん
⑦のはら ⑧りか

2
①夜 ②毎朝 ③聞 ④来週
⑤方角 ⑥母 ⑦夜中 ⑧親友
⑨曜日 ⑩用 ⑪里 ⑫話
⑬妹 ⑭毛虫

3
①聞く ②歩く ③聞こえる ④明るい
⑤明ける ⑥鳴く ⑦鳴る ⑧来る
⑨話す ⑩歩き

8 16・17ページ

1
①あまぐも ②い
③こう ④せいかつ

---

⑤たにがわ ⑥がいこう
⑦たいせつ ⑧ごぜん

2
①道 ②売 ③門 ④理科
⑤三角 ⑥後 ⑦元気 ⑧弓矢

3
①辶 ②氵 ③言 ④口

4
①歌う ②遠い
③近い ④聞こえる
⑤弱い ⑥新しい
⑦走る ⑧直す
⑨同じ ⑩明るい